On Your Birthday ~

Brian,

I thought this would be
something you'd love;
these remind me of you...

Joanna

New York City - 4 Dec 08

Treasury of Love Poems

by

ADAM MICKIEWICZ

in Polish and English

Bilingual Love Poetry from Hippocrene Books

HIPPOCRENE BOOKS, INC.
171 Madison Avenue
New York, NY 10016

Treasury of Love Poems

by

ADAM MICKIEWICZ

in Polish and English

Compiled and Edited by
Krystyna S. Olszer

HIPPOCRENE BOOKS
New York

Cover illustration: "Adam Mickiewicz, Poète Romantique Polonais," litograph by Ducarme
Computer typesetting: Richard G. Olszer

ISBN 0-7818-0652-6

Cataloging-in-Publication Data available from the Library of Congress.

For information, address:
HIPPOCRENE BOOKS, INC.
171 Madison Avenue
New York, NY 10016

Printed in the United States of America.

Acknowledgments

The poems: "Romanticism," "To the Niemen," "To M***," "I speak to Myself," "Good Morning," "Good Night," "Good Evening," "Danaids," "The Pilgrim," "To My Cicerone," trans. by Michael J. Mikoś, are based on *Adam Mickiewicz, The Sun of Liberty, Bicentenary Anthology 1798-1998,* Polish-English edition by Michael J. Mikoś (Warszawa: Energeia, 1998), and are reprinted here with the publisher's permission.

The poems: "The Nixie," trans. by Dorothea Prall Radin, first appeared in *Poems by Adam Mickiewicz,* ed. by George Rapall Noyes, New York: The Polish Institute of Arts and Sciences in America, 1944; "Morning and Evening," trans. by Jean Garrigue, and "My corpse," trans. by Clark Mills, first appeared in *Adam Mickiewicz. New Selected Poems,* ed. by Clark Mills, New York: Voyages Press, 1957; "Conversation," trans. by Miroslaw Lipiński, first appeared in *Treasury of Polish Love Poems, Quotations & Proverbs,* New York: Hippocrene Books, 1995; excerpts from *Forefathers,* trans. by Count Potocki of Montalk, London: The Polish Cultural Foundation, 1968; excerpts from *Pan Tadeusz,* trans. by Kenneth R. Mackenzie, London: Polish Cultural Foundation, 1986.

SPIS TREŚCI

Liryki

CONTENTS

Preface

Adam Mickiewicz (1798-1855), the great poet of Poland, was born two hundred years ago, on December 24, 1798. To commemorate the event, Hippocrene Books presents this bilingual volume of his poems having love as their theme. Love, however, has many meanings, and Mickiewicz, the Romantic, was familiar with all of them. In his poems one can find a whole spectrum of human love – for women, nature, God, the arts, friends, one's native country, and beauty or truth. As a poet Mickiewicz was equally capable of depicting the exalted passion of a Romantic youth (Gustaw of the *Forefathers)* and the delicate emotions of a young girl (Zosia of *Pan Tadeusz*); the sensual experience of a blasé ladies' man of fashionable salons (sonnets), and the profound patriotic and religious feelings of a mature man. As for Romantics in general, and for Mickiewicz in particular, love is a force having an absolute dimension, a force which spans eternity and gives inner freedom and strength. "Have heart and look into your heart," declared Mickiewicz in the ballad "The Romantic," the poetic manifesto of his early years.

Romantic love, the love for a woman, was only one of a multitude of emotions and passions which consumed Mickiewicz's life and were mirrored by his poems. Of equal importance to him were the love for fellow man, God, and nature. These wide ranging emotions are exemplified by the hero of *Forefathers*, Gustaw-Konrad. A tragic and forsaken lover, Gustaw, from an early part of the drama, undergoes a heroic transformation symbolized by the change of his name to Konrad in the last part of *Forefathers*. The new hero, Konrad, is a new kind of lover, who loves the "whole nation;" and in an attempt to bring happiness to his fellow-brothers, he struggles with God himself for "the rule of souls" over his people.

In this selection, the reader will find poems in which Mickiewicz immortalized Maryla, Laura of his Wilno youth, as well as verses addressed to other ladies whom he loved with all his body and soul in Kowno, Moscow, Odessa or Rome. The poem "To***. In the Alps in Splügen" (1829) is the last reminder of Maryla. Thereafter, Mickiewicz's feelings deepened and turned in other directions, taking on different dimensions. He yearned for his homeland, which he was forced to leave forever. He missed its natural beauty and its people, who struggled for liberty and independence. Poems written at that time depict the suffering of soldiers of freedom, the martyrdom of prisoners, and the tears of their mothers. When he says "I and my country – am one whole," he becomes the leader of his people, the poet with a prophetic mission, the national bard. Still a new tune of omnipotent love sounds in Mickiewicz's last poems, the profound philosophical "Lausanne Lyrics" of 1839, represented in this volume by the final three poems.

Mickiewicz, the national bard and spiritual leader of Poland, is not a stranger to English speaking lovers of Romantic poetry and followers of progressive political ideas. During his lifetime, friendships with such personalities as Henry Reeve, James Fenimore Cooper and Margaret Fuller made him world-renowned and brought him recognition and many admirers. Early attempts were made to adapt his poems and even his epic and dramatic works to the English language. For example, a translation by Henry Reeve of the sonnet "Bakhchisaray" was published in *London Metropolitan Magazine* in 1831, and *The Books of the Polish Nation and of the Polish Pilgrimage* were published in London and reviewed in 1834 issue of *Athenaeum*.

The first attempt to translate Mickiewicz in America was made by the New England poet James Gates Percival with the rather unfortunate idea of translating back into English Mickiewicz's version of Byron's "Farewell." In 1883 *Translations*, a volume published by Scribners' in New York, presented four selections from Mickiewicz, including "Ode to Youth" rendered by William James Linton. With the publication in 1917 of George R. Noyes' translation of *Pan Tadeusz* and the subsequent growth of his school of translators at the University of California, Mickiewicz became more popular in American poetry circles. As a result of this interest, *Poems by Adam Mickiewicz*, edited by George R. Noyes and published by The Polish Institute of Arts and Sciences in America in 1944, were followed by two smaller volumes edited by Clark Mills in New York, in 1956 and 1957, and were complemented by the translation of *Pan Tadeusz* by Watson Kirkconnell in 1962. The three part drama *Forefathers*, translated by Count Potocki of Montalk, and *Pan Tadeusz* by Kenneth Mackenzie, were published in London in 1968 and 1986, respectively. Eventually, all of Mickiewicz's major works were translated and published either in the United States or Great Britain by various authors and with varied success. In this selection, we include old renditions next to new ones by renowned translators Stanisław Barańczak and Clare Cavanagh, and Michael J. Mikoś. The latter translations are done in accordance with contemporary standards, with skill and a superb grasp of the laws governing both the Polish and English languages.

An anecdote accompanies the origin of our book of Mickiewicz's love poems. In September of 1997, a woman from Long Island called the Polish Institute of Arts and Sciences in Manhattan with an urgent request for an English version of Mickiewicz's "To***. In the Alps in Splügen." She explained that together with her husband she once spotted this poem on... the menu of a Swiss restaurant. They read the poem with great appetite and agreed that it was the ultimate expression of love. Now, remembering that impression, she wanted to place it on an invitation to her husband's memorial service. At the time, one of the two existing old English translations had to satisfy her. But her inquiry provided the impetus for the adding of Mickiewicz to

Hippocrene's series of love poems. In this book, the reader will find a new translation of "To***. In the Alps in Splügen" by Stanisław Barańczak and Clare Cavanagh. We hope that the poem, in this new version, will stay with our readers during many romantic moments.

Krystyna S. Olszer

Liryki

Lyrics

Dzieńdobry

Dzieńdobry! nie śmiem budzić, o wdzięczny widoku!
Jej duch na poły w rajskie wzleciał okolice,
Na poły został, boskie ożywiając lice,
Jak słońce na pół w niebie, pół w srebrnym obłoku.

Dzieńdobry! już westchnęła, błysnął promyk w oku,
Dzień dobry! już obraża światłość twe źrenice,
Naprzykrzają się ustom muchy swawolnice,
Dzieńdobry! słońce w oknach, ja przy twoim boku.

Niosłem słodszy dzieńdobry, lecz twe senne wdzięki
Odebrały mi śmiałość; niech się wprzódy dowiem:
Z łaskawym wstajesz sercem? z orzeźwionym zdrowiem?

Dzieńdobry! nie pozwalasz ucałować ręki?
Każesz odejść, odchodzę: oto masz sukienki,
Ubierz się i wyjdź prędko – dzieńdobry ci powiem.

Good Morning

Good morning! I dare not wake her, lovely sight!
Her spirit has in part flown to paradise,
In part stayed here, her divine face revives,
As the sun part in sky, part in cloud that's white.

Good morning! Now she sighs, her eyes shine with light,
Good morning! Now the sun offends her eyes,
Her lips are annoyed by the frolicsome flies,
Good morn! Sun at the window, I by your side.

I brought sweeter good morn, but your sleepy charms near,
Have disarmed my boldness; let me first learn:
Do you rise with kind heart? Are you of good cheer?

Good morning! You won't let me kiss your hand then?
You tell me to go, I go, your clothes are here,
Dress and come out soon − I'll say good morning again.

Trans. by M. J. Mikoś

Dobranoc

Dobranoc! już dziś więcej nie będziem bawili,
Niech snu anioł modrymi skrzydły cię otoczy,
Dobranoc! niech odpoczną po łzach twoje oczy,
Dobranoc! niech się serce pokojem zasili.

Dobranoc! z każdej ze mną przemówionej chwili
Niech zostanie dźwięk jakiś cichy i uroczy,
Niechaj gra w twoim uchu; a gdy myśl zamroczy,
Niech się mój obraz sennym źrenicom przymili.

Dobranoc! obróć jeszcze raz na mnie oczęta,
Pozwól lica. – Dobranoc! – Chcesz na sługi klasnąć?
Daj mi pierś ucałować – Dobranoc! zapięta.

– Dobranoc! już uciekłaś i drzwi chcesz zatrzasnąć.
Dobranoc ci przez klamkę – niestety! zamknięta!
Powtarzając: dobranoc! nie dałbym ci zasnąć.

Good Night

Good night! We will no more talk together,
May sleep's angel enfold you in his blue wing,
Good night! May your eyes find respite from crying,
Good night! May in peace your heart grow stronger.

Good night! From each moment of our encounter
May some sound remain, gentle and enchanting,
May it play in your ear, and your thought clouding,
In your dreamy eyes make my image sweeter.

Good night! Turn your eyes towards me as before,
Give me your cheeks. Good night! Call servants instead?
Let me kiss your breast. Good night! It's covered.

Good night! You are gone and want to slam the door.
Good night through the door; alas! It's bolted!
Repeating: good night, I'd let you sleep no more.

Trans. by M. J. Mikoś

Dobrywieczór

Dobrywieczór! on dla mnie najsłodszym życzeniem;
Nigdy, czy to przed nocą dzieli nas zapora,
Czyli mię ranna znowu przywołuje pora,
Nie żegnam się ni witam z takim zachwyceniem,

Jak w tę chwilę, wieczornym ośmielony cieniem;
Ty nawet, milcząc rada i płonić się skora,
Gdy usłyszysz życzenie dobrego wieczora,
Żywszym okiem, głośniejszym rozmawiasz westchnieniem.

Niechaj dzieńdobry wschodzi tym, co społem żyją,
Objaśniać pracę, która ich ręce jednoczy;
Dobranoc niech szczęśliwych kochanków otoczy,

Gdy z rozkoszy kielicha trosk osłodę piją:
A tym, co się kochają i swą miłość kryją,
Dobrywieczór niech przyćmi zbyt wymowne oczy.

Good Evening

Good evening! That sweet wish makes me most content,
Never, whether kept apart before the night
Or called back again by the morning light,
Do I part or greet you with such enchantment

As now, made bold by shadow of night's descent;
Even you, prone to blush, in silence to delight,
When you hear the wish of good evening tonight,
You speak with brighter eyes, your sigh more intent.

Let good morning rise for those who live together,
Lighting up the work which their hands unifies,
Let good night wrap happy lovers in its ties,

When they drink for cheer from the cup of pleasure;
And for those who love and their love cover,
Let good evening veil their too expressive eyes.

Trans. by M. J. Mikoś

Ranek i wieczór

Słońce błyszczy na wschodzie w chmur ognistych wianku,
A na zachodzie księżyc blade lice mroczy,
Róża za słońcem pączki rozwinione toczy,
Fijołek klęczy zgięty pod kroplami ranku.

Laura błysnęła w oknie, ukląkłem na ganku;
Ona muskając sploty swych złotych warkoczy:
«Czemu, rzekła, tak rano smutne macie oczy,
I miesiąc, i fijołek, i ty, mój kochanku?»

W wieczór przyszedłem nowym bawić się widokiem;
Wraca księżyc, twarz jego pełna i rumiana,
Fijołek podniósł listki otrzeźwione mrokiem;

Znowu stanęła w oknie moja ukochana,
W piękniejszym jeszcze stroju i z weselszym okiem;
Znowu u nóg jej klęczę – tak smutny jak z rana.

Morning and Evening

In the east the sun starts up the sky,
Westward the moon with what faint steps starts down;
The bud awaits the crimson of its rose
But the violet, pressed by dew, is dark with tears.

My darling at the casement, beautiful as day!
I kneel, even as the violet on her knees
Is stark with dew.
She smiles, drowsy, tying her hair: «My dear
What is it with you three,
The downcast moon, the violet, you?»

Evening answers us nothing, reversing all:
First, like the sun, the moon comes out,
The violet, no longer stooped,
Stands fresh and forward in the van of night

And my darling, more beautiful than in the daystar's rising,
Her glance quickthrough encompassing and praising.
I kneel, even as the violet subsiding in morning –
Oh, and sad yet!

Trans. by J. Garrigue

Do D. D.

Moja pieszczotka, gdy w wesołej chwili
Pocznie szczebiotać i kwilić, i gruchać,
Tak mile grucha, szczebioce i kwili,
Że nie chcąc słówka żadnego postradać,
Nie śmiem przerywać, nie śmiem odpowiadać,
I tylko chciałbym słuchać, słuchać, słuchać.

Lecz mowy żywość gdy oczki zapali
I pocznie mocniej jagody różować,
Perłowe ząbki błysną śród korali,
Ach! wtenczas śmielej w oczęta poglądam,
Usta pomykam i słuchać nie żądam,
Tylko całować, całować, całować.

Odessa, 1825

To D. D.

My little darling, when some merry matter
Makes your voice warble and twitter and coo,
Such is the charm of your lighthearted chatter,
I don't dare miss a sound; and this is why
I don't ask questions, don't even reply,
But listen, listen, and listen to you.

Still, when the words light your face with their fire,
When your cheeks glow from the warmth of your song
With the bright luster that sparks my desire,
Oh, when I see your eyes glitter and glisten,
My lips touch yours, and I no longer listen,
But kiss and kiss, and kiss you all day long.

Odessa, 1825

Trans. by S. Barańczak and C. Cavanagh

Mówię z sobą

Mówię z sobą, z drugimi plączę się w rozmowie,
Serce bije gwałtownie, oddechem nie władnę,
Iskry czuję w źrenicach, a na twarzy bladnę;
Niejeden z obcych głośno pyta o me zdrowie

Albo o mym rozumie coś na ucho powie,
Tak cały dzień przemęczę; gdy na łoże padnę
W nadziei, że snem chwilę cierpieniom ukradnę,
Serce ogniste mary zapala w mej głowie.

Zrywam się, biegę, składam na pamięć wyrazy,
Którymi mam złorzeczyć okrucieństwu twemu,
Składane, zapomniane, po milijon razy.

Ale gdy ciebie ujrzę, nie pojmuję, czemu
Znowu jestem spokojny, zimniejszy nad głazy,
Aby goreć na nowo – milczeć po dawnemu.

I Speak to Myself

I speak to myself, with others I falter,
My heart beats fiercely, I become breathless,
I feel sparks in my eyes, my face is bloodless,
Strangers ask loudly if my health's in order

Or something about my mind they whisper.
When I fall on my bed after day's distress,
Hoping that in sleep my suffering I'll suppress,
My heart kindles in my mind fiery specters.

I start, I run, I put the words together,
With which I want to curse your ruthlessness,
That formed a million times, I fail to remember.

But when I see you, I cannot express
Why I'm calm again, cool as flint my manner,
Just to burn anew – as of old be speechless.

Trans. by M. J. Mikoś

Niepewność

Gdy cię nie widzę, nie wzdycham, nie płaczę,
Nie tracę zmysłów, kiedy cię zobaczę;
Jednakże gdy cię długo nie oglądam,
Czegoś mi braknie, kogoś widzieć żądam
I tęskniąc sobie zadaję pytanie:
Czy to jest przyjaźń? czy to jest kochanie?

Gdy z oczu znikniesz, nie mogę ni razu
W myśli twojego odnowić obrazu;
Jednakże nieraz czuję mimo chęci,
Że on jest zawsze blisko mej pamięci.
I znowu sobie powtarzam pytanie:
Czy to jest przyjaźń? czy to jest kochanie?

Cierpiałem nieraz, nie myślałem wcale,
Abym przed tobą szedł wylewać żale;
Idąc bez celu, nie pilnując drogi,
Sam nie pojmuję, jak w twe zajdę progi;
I wchodząc sobie zadaję pytanie:
Co tu mię wiodło? przyjaźń czy kochanie?

Dla twego zdrowia życia bym nie skąpił,
Po twą spokojność do piekieł bym zstąpił;
Choć śmiałej żądzy nie ma w sercu mojem,

Uncertainty

While I don't see you, I don't shed a tear;
I never lose my senses when you're near;
But, with our meetings few and far between
There's something missing, waiting to be seen.
Is there a name for what I'm thinking of?
Are we just friends? Or should I call this love?

As soon as we have said our last good-byes,
Your image never floats before my eyes;
But more than once, when you have been long gone,
I seemed to feel your presence linger on.
I wonder then what I've been thinking of:
Are we just friends? Or should I call this love?

When I'm downcast, I never seek relief
By pouring out my heart in tales of grief;
Yet, as I wander aimlessly, once more
I somehow end up knocking at your door;
What brought me here? What am I thinking of?
Are we just friends? Or should I call this love?

I'd give my life to keep you sound and well,
To make you smile, I would descend to hell;
But though I'd climb the mountains, swim the seas

Bym był dla ciebie zdrowiem i pokojem.
I znowu sobie powtarzam pytanie:
Czy to jest przyjaźń? czy to jest kochanie?

Kiedy położysz rękę na me dłonie,
Luba mię jakaś spokojność owionie,
Zda się, że lekkim snem zakończę życie;
Lecz mnie przebudza zawsze serca bicie,
Które mi głośno zadaje pytanie:
Czy to jest przyjaźń? czy to jest kochanie?

Kiedym dla ciebie tę piosenkę składał,
Wieszczy duch mymi ustami nie władał;
Pełen zdziwienia, sam się nie postrzegłem,
Skąd wziąłem myśli, jak na rymy wbiegłem;
I zapisałem na końcu pytanie:
Co mię natchnęło? przyjaźń czy kochanie?

I do not look to be your health and peace:
Again I ask, what am I thinking of?
Are we just friends? or should I call this love?

And when you place your hand upon my palm,
I am enveloped in a blissful calm,
Prefiguring some final, gentle rest;
But still my heart beats loudly in my breast
As if to ask: what are you thinking of?
Are you two friends? or will you call this love?

Not bardic spirit seized my mortal tongue
When I thought of you and composed this song;
But still, I can't help wondering sometimes:
Where did these notions come from, and these rhymes?
In heaven's name, what I was dreaming of?
And what had inspired me? Friendship or love?

Trans. by S. Barańczak and C. Cavanagh

Rozmowa

Kochanko moja! na co nam rozmowa?
Czemu, chcąc z tobą uczucia podzielać,
Nie mogę duszy prosto w duszę przelać?
Za co ją trzeba rozdrabiać na słowa,
Które, nim słuch twój i serce doścignią,
W ustach wietrzeją, na powietrzu stygną?

Kocham, ach! kocham, po sto razy wołam,
A ty się smucisz i zaczynasz gniewać,
Że ja kochania mojego nie zdołam
Dosyć wymówić, wyrazić, wyśpiewać;
I jak w letargu, nie widzę sposobu
Wydać znak życia, bym uniknął grobu.

Strudziłem usta daremnym użyciem,
Teraz je z twymi chcę stopić ustami,
I chcę rozmawiać tylko serca biciem,
I westchnieniami, i całowaniami,
I tak rozmawiać godziny, dni, lata,
Do końca świata i po końcu świata.

Conversation

My love! what need we have of talk?
Why when I want my feelings to share,
I can't just let my soul to yours declare!
Why must it be crumbled to words
Which before they reach your ears and your heart
Will wither on my lips, and in the air fall apart?

I love you – a hundred times I keep on saying,
But you grieve and start to sting,
Complaining that my love I'm not able
To completely say, state, sing;
And in this weary state I have no doubt
I can't give a sign of life before I give out.

I've tired my lips with such vain misuse;
Now I want to join them to yours in amour's abysses,
And our talk to be only with beating hearts –
And passioned sighs and kisses.
And for hours, days, years thus converse
To the end of this world, and the universe.

Trans. by M. Lipiński

Romantyczność

Methinks, I see... Where? -
In my mind's eyes.
Shakespeare

Zdaje mi się, że widzę... Gdzie?
Przed oczyma duszy mojej.

Słuchaj, dzieweczko!
– Ona nie słucha –
To dzień biały! to miasteczko!
Przy tobie nie ma żywego ducha.
Co tam wkoło siebie chwytasz?
Kogo wołasz, z kim się witasz?
– Ona nie słucha. –

To jak martwa opoka
Nie zwróci w stronę oka,
To strzela wkoło oczyma,
To się łzami zaleje;
Coś niby chwyta, coś niby trzyma;
Rozpłacze się i zaśmieje.

«Tyżeś to w nocy? to ty, Jasieńku!
Ach! i po śmierci kocha!
Tutaj, tutaj, pomaleńku,
Czasem usłyszy macocha!

The Romantic

Methinks, I see... Where? -
In my mind's eyes.
Shakespeare

Just listen, maiden!
– She will not hear –
It's broad daylight! It's our small town!
Not a single soul anywhere near.
What do your hands try to grasp now?
Who do you call, to whom do you bow?
– She will not hear. –

Just like a stone at times
She will not turn her eyes,
She will be keenly glancing,
Then shed tears and whimper,
As if to grasp and hold onto something,
With fits of sobbing and laughter.

«There in the night, is it you, my Johnny?
Ah! Even in death his love is true!
Right this way, here, very slowly,
What if stepmother will hear you!

«Niech sobie słyszy, już nie ma ciebie!
Już po twoim pogrzebie!
Ty już umarłeś? Ach! ja się boję!
Czego się boję mego Jasieńka?
Ach, to on! lica twoje, oczki twoje!
Twoja biała sukienka!

«I sam ty biały jak chusta,
Zimny, jakie zimne dłonie!
Tutaj połóż, tu na łonie,
Przyciśnij mnie, do ust usta!

«Ach, jak tam zimno musi być w grobie!
Umarłeś! tak, dwa lata!
Weź mię, ja umrę przv tobie,
Nic lubię świata.

«Źle mnie w złych ludzi tłumie,
Płaczę, a oni szydzą;
Mówię, nikt nie rozumie;
Widzę, oni nie widzą!

«Śród dnia przyjdź kiedy... To może we śnie?
Nie, nie... trzymam ciebie w ręku.
Gdzie znikasz, gdzie, mój Jasieńku!
Jeszcze wcześnie, jeszcze wcześnie!

«But let her hear, for you are away!
They laid you in graveyard clay!
Are you then no more? Ah! I tremble in fear!
Why seeing Johnny do I feel this fright?
Ah! It is he! Your face, your eyes so near!
These are your clothes so white!

«And you are as white as linen,
So cold, your hands are so icy!
Put them right here on my bosom,
And now hold me tight and kiss me.

«It must be so cold in the grave to lie!
You died, yes, two years before!
Take me, beside you I will die,
I don't like this world anymore.

«Wretched among the wicked band,
I cry, but they mock me;
I speak, they do not understand;
I see, they do not see!

«Come by day sometime... In a dream maybe?
No, no... I'm still holding you.
Where, Johnny, where are you fleeing to?
It's too early, it's too early!

«Mój Boże! kur się odzywa,
Zorza błyska w okienku.
Gdzie znikłeś! ach! stój, Jasieńku!
Ja nieszczęśliwa»

Tak się dziewczyna z kochankiem pieści,
Bieży za nim, krzyczy, pada;
Na ten upadek, na głos boleści
Skupia się ludzi gromada.

«Mówcie pacierze! – krzyczy prostota –
«Tu jego dusza być musi.
Jasio być musi przy swej Karusi,
On ją kochał za żywota!»

I ja to słyszę, i ja tak wierzę,
Płaczę i mówię pacierze.

«Słuchaj, dzieweczko!» – krzyknie wśród zgiełku,
Starzec, i na lud zawoła:
«Ufajcie memu oku i szkiełku,
Nic tu nie widzę dokoła.

«Duchy karczemnej tworem gawiedzi,
W głupstwa wywarzone kuźni.
Dziewczyna duby smalone bredzi,
A gmin rozumowi bluźni».

«My God! A cock crowing I hear,
The light gleams in the window.
Where are you, Johnny?
Ah, stay here! I am full of sorrow.»

The girl hugs her lover this way,
She follows him, shouts, and stumbles;
When she falls down and cries in dismay,
A crowd of people assembles.

«Just say a prayer» – the simple folk say –
«Somewhere here his soul must be.
Johnny must stay next to his Carrie,
He loved her 'ere he passed away!»

And I hear this, I believe what they say,
I burst into tears and I pray.

«Just listen, maiden,» – sounds an old man's cry,
He turns then to the noisy crowd –
«Put trust in my lens and in my eye,
I don't see anything about.

«Ghosts are a figment of the vulgar throng,
Cooked up in the forge of imprudence.
The maid talks drivel, every word is wrong,
The rabble also talks nonsense.»

«Dziewczyna czuje – odpowiadam skromnie –
A gawiedź wierzy głęboko;
Czucie i wiara silniej mówi do mnie
Niż mędrca szkiełko i oko.

«Martwe znasz prawdy, nieznane dla ludu,
Widzisz świat w proszku, w każdej gwiazd iskierce;
Nie znasz prawd żywych, nie obaczysz cudu!
Miej serce i patrzaj w serce!»

«The maid can feel» – I answer modestly,
«The people's beliefs are discerning;
Feeling and faith speak more strongly to me
Than lens and eye of man of learning.

«You know dead truths, unknown to others,
See the world in a speck, each star's sparking dart,
You don't know living truths, won't see wonders!
Have heart and look into your heart.»

Trans. by M. J. Mikoś

Świtezianka

Jakiż to chłopiec piękny i młody?
Jaka to obok dziewica?
Brzegami sinej Świtezi wody
Idą przy świetle księżyca.

Ona mu z kosza daje maliny,
A on jej kwiatki do wianka;
Pewnie kochankiem jest tej dziewczyny,
Pewnie to jego kochanka.

Każdą noc prawie, o jednej porze,
Pod tym się widzą modrzewiem.
Młody jest strzelcem w tutejszym borze,
Kto jest dziewczyna? ja nie wiem.

Skąd przyszła? darmo śledzić kto pragnie,
Gdzie uszła? nikt jej nie zbada.
Jak mokry jaskier wschodzi na bagnie,
Jak ognik nocny przepada.

«Powiedz mi piękna, luba dziewczyno –
Na co nam te tajemnice –
Jaką przybiegłaś do mnie drożyną?
Gdzie dom twój, gdzie są rodzice?

The Nixie

Who is the lad so comely and young
And who is the maid at his side
Who walk by the Switez' blue waters, among
The moonbeams that shine on its tide?

A basket of raspberries she holds out,
He gives her a wreath for her hair;
The lad is her lover, beyond a doubt,
And she is his sweetheart fair.

Never a night but at dusk they stand.
On the shore by the old larch tree;
The youth hunts here in the forest land,
But the maiden is strange to me.

You may ask in vain whence she comes and where
She vanishes: no one knows.
Like the crowfoot's moist bloom on the marsh, she is there –
Like the will-o'-the-wisp, she goes.

«Beautiful maid whom I love so well,
Wherefore this secrecy?
Where do your father and mother dwell,
By what road do you come to me?

«Minęło lato, zżółkniały liścia
I dżdżysta nadchodzi pora,
Zawsze mam czekać twojego przyścia
Na dzikich brzegach jeziora?

«Zawszeż po kniejach jak sarna płocha,
Jak upiór błądzisz w noc ciemną?
Zostań się lepiej z tym, kto cię kocha,
Zostań się, o luba! ze mną.

«Chateczka moja stąd niedaleka
Pośrodku gęstej leszczyny;
Jest tam dostatkiem owoców, mleka,
Jest tam dostatkiem zwierzyny»

«Stój, stój, odpowie, hardy młokosie,
Pomnę, co ojciec rzekł stary:
Słowicze wdzięki w mężczyzny głosie,
A w sercu lisie zamiary.

«Więcej się waszej obłudy boję,
Niż w zmienne ufam zapały,
Może bym prośby przyjęła twoje;
Ale czy będziesz mnie stały?»

«Summer is over, the leaves grow brown,
And the rains are about to break;
Must I always wait here till you wander down
To the shore of the desolate lake?

«Will you range through the wood like a heedless roe,
Forever a ghost in the night?
Stay rather with him who will love you so,
With me, O my heart's delight!

«My cottage is near where the woodland trees
Spread their sheltering branches thick;
There is plenty of milk, there is game when you please,
And the fruit from the boughs to pick.»

«Nay, have done, haughty stripling, my father's tales
Have forewarned me against your art:
For the voice of a man is the nightingale's,
But the fox's is his heart.

«And I have more fear of your treachery
Than belief in your changing flame;
And were I to do what you ask of me
Would you always remain the same?»

Chłopiec przyklęknął, chwycił w dłoń piasku,
Piekielne wzywał potęgi,
Klął się przy świętym księżyca blasku,
Lecz czy dochowa przysięgi?

«Dochowaj, strzelcze, to moja rada:
Bo kto przysięgę naruszy,
Ach, biada jemu, za życia biada!
I biada jego złej duszy!»

To mówiąc dziewka więcej nie czeka,
Wieniec włożyła na skronie
I pożegnawszy strzelca z daleka,
Na zwykłe uchodzi błonie.

Próżno się za nią strzelec pomyka,
Rączym wybiegom nie sprostał,
Znikła jak lekki powiew wietrzyka,
A on sam jeden pozostał.

Sam został, dziką powraca drogą,
Ziemia uchyla się grząska,
Cisza wokoło, tylko pod nogą
Zwiędła szeleszcze gałazka.

Then the youth knelt down and with sand in his palm
He called on the powers of hell,
He swore by the moon so holy and calm
Will he hold to his oath so well?

«I counsel you, hunter, to keep your oath
And the promise that here you swore;
For woe to the man who shall break it, both
While he lives and forevermore.»

So saying, she places the wreath on her brow
And, making no longer stay,
She has waved him good-bye from afar and now
She is over the field and away.

Vainly the hunter increases his speed,
For her fleetness outmatches his own;
She has vanished as light as the wind on the mead,
He is left on the shore alone.

Alone he returns on the desolate ground
Where the marshlands heave and quake
And the air is silent − the only sound
When the dry twigs rustle and break.

Idzie nad wodą, błędny krok niesie,
Błędnymi strzela oczyma;
Wtem wiatr zaszumiał po gęstym lesie,
Woda się burzy i wzdyma.

Burzy się, wzdyma, pękają tonie,
O niesłychane zjawiska!
Ponad srebrzyste Świtezi błonie
Dziewicza piękność wytryska.

Jej twarz jak róży bladej zawoje,
Skropione jutrzenki łezką;
Jako mgła lekka, tak lekkie stroje
Obwiały postać niebieską.

«Chłopcze mój piękny, chłopcze mój młody,
Zanuci czule dziewica;
Po co wokoło Świtezi wody
Błądzisz przy świetle księżyca?

«Po co żałujesz dzikiej wietrznicy,
Która cię zwabia w te knieje:
Zawraca głowę, rzuca w tęsknicy
I może jeszcze się śmieje?

He walks by the water with wandering tread,
He searches with wandering eyes;
On a sudden the winds through the deepwood spread
And the waters seethe and rise.

They rise and they swell and their depths divide –
Oh phantoms seen only in dreams!
On the field of the Switez all silver-dyed
A beauteous maiden gleams!

Her face like the petals of some pale rose
That is sprinkled with morning dew;
Round her heavenly form her light dress blows
Like a cloud of a misty hue.

«My handsome young stripling,» so o'er and o'er
Comes the maiden's tender croon,
«Oh, why do you walk on the desolate shore
By the light of the shining moon?

«Why do you grieve for a wanton flirt
Who has cozened you into her trap,
Who has turned your head and has brought you to hurt
And who laughs at you now, mayhap?

«Daj się namówić czułym wyrazem,
Porzuć wzdychania i żale,
Do mnie tu, do mnie, tu będziem razem
Po wodnym pląsać krysztale.

«Czy zechcesz niby jaskółka chybka
Oblicze wód tylko muskać,
Czy zdrów jak rybka, wesół jak rybka,
Cały dzień ze mną się pluskać.

«A na noc w łożu srebrnej topieli
Pod namiotami zwierciadeł,
Na miękkiej wodnych lilijek bieli,
Śród boskich usnąć widziadeł».

Wtem z zasłon błysną piersi łabędzie,
Strzelec w ziemię patrzy skromnie,
Dziewica w lekkim zbliża się pędzie
I «Do mnie, woła, pójdź do mnie».

I na wiatr lotne rzuciwszy stopy,
Jak tęcza śmiga w krąg wielki,
To znowu siekąc wodne zatopy,
Srebrnymi pryska kropelki.

«Oh, heed my soft words and my gentle glance,
Sigh and be mournful no more,
But come to me here and together we'll dance
On the water's crystal floor.

«You may fly like the swallow that swiftly skims,
Just brushing the water's face,
Or, merry and sound as a fish, you may swim
All day in the splashing race.

«You may sleep in the silvery depths at night
On a couch in a mirrored tent
Upon water lilies soft and white,
Amid visions of ravishment.»

Her swan bosom gleams through her drapery,
The hunter's glance modestly falls
As the maiden draws nearer him over the sea
And «Come to me, come!» she calls.

Then winging her path on the breeze she sweeps
In a rainbow arch away
And cutting the waves in the watery deeps
She splashes the silver spray.

Podbiega strzelec i staje w biegu,
I chciałby skoczyć, i nie chce;
Wtem modra fala, prysnąwszy z brzegu,
Z lekka mu w stopy załechce.

I tak go łechce, i tak go znęca,
Tak się w nim serce rozpływa,
Jak gdy tajemnie rękę młodzieńca
Ściśnie kochanka wstydliwa.

Zapomniał strzelec o swej dziewczynie,
Przysięgą pogardził świętą,
Na zgubę oślep bieży w głębinie,
Nową zwabiony ponętą.

Bieży i patrzy, patrzy i bieży;
Niesie go wodne przestworze,
Już z dala suchych odbiegł wybrzeży,
Na średnim igra jeziorze.

I już dłoń śnieżną w swej ciśnie dłoni,
W pięknych licach topi oczy,
Ustami usta różane goni
I skoczne okręgi toczy.

The youth follows after, then pauses once more,
He would leap yet he still draws back;
And the damp wave goes rippling away from the shore,
Luring him on in its track.

It lures him caressingly over the sand
Till his heart melts away in his breast,
As when a chaste maid softly presses the hand
Of the youth whom she loves the best.

No longer he thinks of his own fair maid
And the vow that he swore he would keep;
By another enchantress his senses are swayed
And he runs to his death in the deep.

He hastens and gazes, he looks and he hastes,
Till already the land is far;
He is carried away on the lake's broad wastes
Where its midmost waters are.

Now his fingers clasp snowy-cool fingertips,
His eyes meet a beautiful face,
He presses his lips against rosy lips,
And he circles through dancing space.

Wtem wietrzyk świsnął, obłoczek pryska,
Co ją w łudzącym krył blasku;
Poznaje strzelec dziewczynę z bliska,
Ach, to dziewczyna spod lasku!

«A gdzie przysięga? gdzie moja rada?
Wszak kto przysięgę naruszy,
Ach biada jemu, za życia biada!
I biada jego złej duszy!

«Nie tobie igrać przez srebrne tonie
Lub nurkiem pluskać w głąb jasną;
Surowa ziemia ciało pochłonie,
Oczy twe żwirem zagasną.

«A dusza przy tym świadomym drzewie
Niech lat doczeka tysiąca,
Wiecznie piekielne cierpiąc żarzewie
Nie ma czym zgasić gorąca».

Słyszy to strzelec, błędny krok niesie,
Błędnymi rzuca oczyma;
A wicher szumi po gęstym lesie,
Woda się burzy i wzdyma.

```
** STARBUCKS COFFEE COMPANY **

103RD & BROADWAY          #14218
2690 BROADWAY
NEW YORK         NY10025

 1 GR AMERICANO          2.40
 1 SCONE VAN PETITE      0.75
SUBTOTAL                 3.15
  TAX 8.375              0.20
TOTAL                    3.35
MASTERCARD               3.35
    CARD#: XXXXXXXXXXXX2565
CHANGE DUE               0.00

14218 02A1 700694  001204890M
07/10/09                08:34
 Make a purchase prior to 2pm
 Bring receipt in today after
 2pm for a Grande cold drink
$2+tax,if any.Select US stores
Same day only. Value 1/20 cent
```

Then a little breeze whistled, a little cloud broke
That had cast its deceiving shade,
And the youth knows the maid, now unhid by its cloak
'Tis his love of the woodland glade!

«Now where is my counsel and where is your oath
And the vow you so solemnly swore?
Oh, woe to the man who has broken it, both
While he lives and forevermore!

«Not for you is the silvery whirlpool's cup
Nor the gulfs where the clear sea lies,
But the harsh earth shall swallow your body up
And the gravel shall put out your eyes.

«For a thousand years shall your spirit wait
By the side of this witnessing tree,
And the fires of hell that never abate
Shall bum you unceasingly.»

He hears, and he walks with a wandering tread,
He gazes with wandering eyes;
Then a hurricane out of the deepwood sped
And the waters seethe and rise.

Burzy się, wzdyma i wre aż do dna,
Kręconym nurtem pochwyca,
Roztwiera paszczę otchłań podwodna,
Ginie z młodzieńcem dziewica.

Woda się dotąd burzy i pieni,
Dotąd przy świetle księżyca
Snuje się para znikomych cieni;
Jest to z młodzieńcem dziewica.

Ona po srebrnym pląsa jeziorze,
On pod tym jęczy modrzewiem.
Kto jest młodzieniec? strzelcem był w borze.
A kto dziewczyna? ja nie wiem.

They seethe to their depths and the circling tide
Of the whirlpool snatches them down
Through its open jaws as the seas divide:
So the youth and the maiden drown.

And still when the lake waters foam and roar,
And still in the moon's pale light,
Two shadows come flitting along the shore:
The youth and the maiden bright.

She plays where the lake glitters silver and clear,
He groans by the old larch tree;
Youth was a hunter in the forest here
But the maiden is strange to me.

Trans. by D. Prall Radin

Danaidy

Płci piękna! gdzie wiek złoty, gdy za polne kwiaty,
Za haftowane kłosem majowe sukienki,
Kupowano panieńskie serduszka i wdzięki,
Gdy do lubej gołębia posyłano w swaty?

Dzisiaj wieki są tańsze, a droższe zapłaty.
Ta, której złoto daję, prosi o piosenki;
Ta, której serce daję, żądała mej ręki;
Ta, którą opiewałem, pyta, czym bogaty.

Danaidy! rzucałem w bezdeń waszej chęci
Dary, pieśni i we łzach roztopioną duszę;
Dziś z hojnego jam skąpy, z czułego szyderca.

A choć mię dotąd jeszcze nadobna twarz nęci,
Choć jeszcze was opiewać i obdarzać muszę,
Lecz dawniej wszystko dałbym, dziś wszystko – prócz serca.

Danaïds

Fair sex! Where's the golden age, where field-flower present
Or verdant dresses embroidered with ears of corn
Could buy the hearts and charms of young maidens ere long,
When a dove was sent to one's love for engagement?

The cheaper the age, the more costly the payment.
The woman I give gold, asks me for one more song;
The one I give my heart, demands my hand anon;
The one I sang about, asks if I'm affluent.

Danaïds! I threw into the abyss of your desire
Gifts, songs, and my soul dissolved in tearful drifts;
Once giving, now stingy, once loving, now causing smart.

And though a comely face still sets my heart on fire,
Though I still must sing about you and give you gifts,
Yet once I would give you all, now all – but my heart.

Trans. By M. J. Mikoś

Do Niemna

Niemnie, domowa rzeko moja, gdzie są wody,
Do których przez rozkwitłe skakaliśmy błonie
I któreśmy czerpali w młodociane dłonie
Za napój lub za kąpiel spoconej jagody?

Gdzie Laura, z chlubą patrząc na cień swej urody,
Lubiła włos zaplatać lub zakwiecać skronie;
Gdzie lica jej malowne w srebrnym fali łonie
Nieraz mąciłem łzami, zapaleniec młody.

Niemnie, domowa rzeko! gdzie są tamte zdroje,
A z nimi tyle szczęścia, nadziei tak wiele?
Gdzie jest niewinne lat mych dziecinnych wesele?

Gdzie słodkie młodzieńczego wieku niepokoje?
I gdzie jest moja Laura? gdzie są przyjaciele?...
Wszystko przeszło – a czemuż nie przejdą łzy moje?

To the Niemen

Niemen, my home river! Where are those waters
To which we dashed across flowered grasslands
And which we scooped up with our youthful hands
To drink or our burning faces to immerse?

There, Laura, proudly viewing her charms' luster,
Liked to adorn her temples and braid her hair;
There, her face painted in silver wave's glare,
I oft blurred with tears, a hotheaded youngster.

Niemen, my home river! Where are those springs,
And with them so much bliss and hopeful prayers,
Where is the peaceful joy of childhood years?

Where the sweeter woes that the stormy age brings?
Where is my Laura, where are now my friends?
Everything has gone, but why not my tears?

Trans. by M. J. Mikoś

Pielgrzym

U stóp moich kraina dostatków i krasy,
Nad głową niebo jasne, obok piękne lice;
Dlaczegoż stąd ucieka serce w okolice
Dalekie, i – niestety! jeszcze dalsze czasy?

Litwo! piały mi wdzięczniej twe szumiące lasy
Niż słowiki Bajdaru, Salhiry dziewice,
I weselszy deptałem twoje trzęsawice
Niż rubinowe morwy, złote ananasy.

Tak daleki! tak różna wabi mię ponęta;
Dlaczegoż roztargniony wzdycham bez ustanku
Do tej, którą kochałem w dni moich poranku?

Ona w lubej dziedzinie, która mi odjęta,
Gdzie jej wszystko o wiernym powiada kochanku,
Depcąc świeże me ślady czyż o mnie pamięta?

The Pilgrim

At my feet land of beauty and abundance,
Bright sky overhead, by my side a fair face,
Why does my heart escape to that far off place
And, alas, to times of far greater distance.

Lithuania!   Your humming woods sang sweeter chants
Than Salhir's maids, Baydary nightingales,
I was happier walking through your marsh byways
Than through ruby mulberries, gold pineapple plants.

So remote! I'm lured by a different pleasure!
Why, distracted, do I sigh constantly
For her whom I loved in my youth's summer?

She is in the dear land that they took from me,
Where all things tell her of her faithful lover –
Tracing my clear footsteps does she think of me?

Trans. by M. J. Mikoś

Do M***

Napisane w 1823

Precz z moich oczu!... posłucham od razu,
Precz z mego serca!... i serce posłucha,
Precz z mej pamięci!... nie — tego rozkazu
Moja i twoja pamięć nie posłucha.

Jak cień tym dłuższy, gdy padnie z daleka,
Tym szerzej koło żałobne roztoczy,
Tak moja postać, im dalej ucieka,
Tym grubszym kirem twą pamięć pomroczy.

Na każdym miejscu i o każdej dobie,
Gdziem z tobą płakał, gdziem się z tobą bawił,
Wszędzie i zawsze będę ja przy tobie,
Bom wszędzie cząstkę mej duszy zostawił.

Czy zadumana w samotnej komorze
Do arfy zbliżysz nieumyślną rękę,
Przypomnisz sobie: właśnie o tej porze
Śpiewałam jemu tę samą piosenkę.

Czy grając w szachy, gdy pierwszymi ściegi
Śmiertelna złowi króla twego matnia,
Pomyślisz sobie: tak stały szeregi,

To M***

The poem written in 1823

Away from my sight! I'll listen instanter,
Away from my heart! My heart will obey,
Away from my memory! No, this order
Neither my memory nor yours will obey.

As shade that's longer, when cast from far away,
Makes the mourning circle much wider sprawl...
So will my figure, the farther off I stay,
Becloud your memory with a thicker pall.

In every place and at each time of day,
Where I cried with you, where we played together,
Everywhere and always next to you I'll stay,
For part of my soul I left in each quarter.

Whether deep in thought in secluded chamber,
Close to your harp by chance you'll come along,
Then you will recall: at this exact hour
I was singing for him the very same song.

Or playing chess, when in the first foray
Your king was trapped in the deadly campaign,
Then you will think: the ranks stood in this way,

Gdy się skończyła nasza gra ostatnia.

Czy to na balu w chwilach odpoczynku
Siędziesz, nim muzyk tańce zapowiedział,
Obaczysz próżne miejsce przy kominku,
Pomyślisz sobie: on tam ze mną siedział.

Czy książkę weźmiesz, gdzie smutnym wyrokiem
Stargane ujrzysz kochanków nadzieje,
Złożywszy książkę z westchnieniem głębokiem,
Pomyślisz sobie: ach! to nasze dzieje...

A jeśli autor po zawiłej próbie
Parę miłośną na ostatek złączył,
Zagasisz świecę i pomyślisz sobie:
Czemu nasz romans tak się nie zakończył...

Wtem błyskawica nocna zamigoce,
Sucha w ogrodzie zaszeleszczy grusza
I puszczyk z jękiem w okno załopoce...
Pomyślisz sobie, że to moja dusza.

Tak w każdym miejscu i o każdej dobie,
Gdziem z tobą płakał, gdziem się z tobą bawił,
Wszędzie i zawsze będę ja przy tobie,
Bom wszędzie cząstkę mej duszy zostawił.

When we came to the end of our last game.

Or at the ball, when to rest you sit aside,
Ere the musician announces the next dance,
You will see an empty place by the fireside,
And you will think: he sat with me there once.

Or when you read a book and will descry
The lovers' hope wrecked by a dreadful chance,
You will put it down and with a deep sigh
You will think then: ah, it is our romance...

And if the author after a tangled plot
Lets the loving pair join at last together,
You'll put out the candle and dwell on the thought:
Why didn't our tale end this way ever?

All at once lightning will flash in the night,
Dry pear tree leaves will rustle in the orchard,
The moaning owl will brush the pane in its flight...
You will think then that it is my spirit.

So in every place and at each time of day,
Where I cried with you, where we played together,
Everywhere and always next to you I'll stay,
For part of my soul I left in each quarter.

Trans. by M. J. Mikoś

Do mego cziczerona

Rzym, 1830

Mój cziczerone! oto na pomniku
Jakieś niekształtne, nieznajome imię
Wędrownik skreślił na znak, że był w Rzymie.
Ja chcę coś wiedzieć o tym wędrowniku.

Może go wkrótce przyjmie do gospody
Kłótliwa fala; może piasek niemy
Zatai jego życie i przygody,
I nigdy o nim nic się nie dowiemy.

Ja chcę odgadnąć, co on czuł i myślił,
Gdy w księdze twojej, wśród włoskiej krainy,
Za cały napis to imię wykryślił,
Na drodze życia ten swój ślad jedyny.

Czy drżącą ręką, po długim dumaniu,
Rył go powoli, jak nagrobek w skale?
Czy go, odchodząc, uronił niedbale,
Jako samotną łzę przy pożegnaniu?

Mój cziczerone! dziecinne masz lice,
Lecz mądrość stara nad twym świeci czołem;

To My Cicerone

Rome 1830

My cicerone! On this sheet of paper
A wanderer wrote a name, unshaped, unknown,
A token that he came to visit Rome.
I want to know aught about this wanderer.

Perchance a clashing wave will instanter
Greet him in the inn; the silent sand perchance
Will conceal his life and each adventure,
And we will learn nothing about him hence.

What he felt and thought I want to divine,
When in your album, in Italian land,
He wrote down this name as the only sign,
On the road of life this single remnant.

With a trembling hand did he carve it slow,
As if on a gravestone, after long thinking?
Or did he shed it lightly when leaving,
Like a lonely tear before it's time to go?

My cicerone! Still childlike your face,
But in your brow old wisdom one can see;

Przez rzymskie bramy, groby i świątnice,
Tyś przewodniczym był dla mnie aniołem;

Ty umiesz przejrzeć nawet w serce głazu;
Gdy błękitnymi raz rzucisz oczyma,
Odgadniesz przeszłość z jednego wyrazu –
Ach, ty wiesz może i przyszłość pielgrzyma?

Past the Roman temples, graves, and gateways,
You have been a guiding angel to me.

You can even look into the heart of stone,
When your azure eyes cast a single glance,
You divine the past from one word alone,
Ah, do you know the pilgrim's future perchance?

Trans. by M. J. Mikoś

Do***

NA ALPACH W SPLÜGEN, 1829

Nigdy, więc nigdy z tobą rozstać się nie mogę!
Morzem płyniesz i lądem idziesz za mną w drogę,
Na lodowiskach widzę błyszczące twe ślady
I głos twój słyszę w szumie alpejskiej kaskady,
I włosy mi się jeżą, kiedy się oglądam,
I postać twoją widzieć lękam się i żądam.

Niewdzięczna! Gdy ja dzisiaj, w tych podniebnych górach,
Spadający w otchłanie i niknący w chmurach,
Wstrzymuję krok, wiecznymi utrudzony lody,
I oczy przecierając z lejącej się wody,
Szukam północnej gwiazdy na zamglonym niebie,
Szukam Litwy i domku twojego, i ciebie;
Niewdzięczna! może dzisiaj, królowa biesiady,
Ty w tańcu rej prowadzisz wesołej gromady,
Lub może się nowymi miłostkami bawisz,
Lub o naszych miłostkach śmiejąca się prawisz!
Powiedz, czyś ty szczęśliwsza, że ciebie poddani,
Niewolnicze schylając karki, zowią P a n i !
Że cię rozkosz usypia i wesołość budzi,
I że cię nawet żadna pamiątka nie nudzi?
Czy byłabyś szczęśliwsza, gdybyś, moja miła,

*To****

IN THE ALPS AT SPLÜGEN, 1829

No, never, you will never let me be!
You follow me on land, across the sea,
I watch your footsteps sparkle and then fade
On frozen Alpine lakes; in the cascade
I hear your voice or else I sense you near,
And look behind with longing and with fear.

Ungrateful! In these peaks, so stern and proud,
Which from their depths rise up to pierce a cloud,
I tire of eternal ice and snow,
And pause as my own tears begin to flow;
I seek the Northern Star in misty blue
And Lithuania, your small house, and you.
Ungrateful! Perhaps now, queen of the ball,
You hold your merry, laughing guests in thrall
By telling tales of our long-past romance;
Or do you conquer new hearts as you dance?
Are you content now that you are adored
By your meek subjects, by that servile horde?
That pleasure wakes you, that you're lulled by bliss?
Is there, then, nothing from the past you miss?
And wouldn't you be far happier, my dear,

Wiernego ci wygnańca przygody dzieliła?
Ach! ja bym cię za rękę po tych skałach wodził,
Ja bym trudy podróżne piosenkami słodził,
Ja bym pierwszy w ryczące rzucał się strumienie
I pod twą nóżkę z wody dostawał kamienie,
I przeszłaby twa nóżka wodą nie dotknięta,
A całowaniem twoje ogrzałbym rączęta!
Spoczynek by nas czekał pod góralską chatą;
Tam zwleczoną z mych barków okryłbym cię szatą,
A ty byś przy pasterskim usiadłszy płomieniu
Usnęła i zbudziła na moim ramieniu!

Sharing your outcast's wanderings, being here?
I'd lead you by the hand amid these crests,
And with my songs I'd ease your weariness.
I'd plunge first into every stream we meet
To gather stones so that your dainty feet
Could cross the streams and never touch the foam.
I'd warm your hands with kisses; we'd call home
Some rustic shepherd's hut along the way,
Where we'd rest from the hardships of the day.
Wrapped in my cloak beside the fireplace
You'd fall asleep and wake in my embrace.

Trans. by S. Barańczak and C. Cavanagh

Z Dziadów
część czwarta, 1823

From Forefathers
part four, 1823

*   *   *

Obraz tego rozstania dotąd w myśli stoi.
Pamiętam, śród jesieni... przy wieczornym chłodzie;
Jutro miałem wyjechać... błądzę po ogrodzie!
W rozmyślaniu, w modlitwach szukałem tej zbroi,
Którą bym odział serce, miękkie z przyrodzenia,
I wytrzymał ostatni pocisk jej spojrzenia!
Błądziłem po zaroślach, gdzie mnie oczy niosą.
Noc była najpiękniejsza! Pamiętam dziś jeszcze:
Na kilka godzin pierwej wylały się deszcze,
Cała ziemia kroplistą połyskała rosą.
Doliny mgła odziewa jakby morze śniegu;
Z tej strony chmura gruba napędzała lawy,
A z tamtej strony księżyc przezierał bladawy,
Gwiazdy toną w błękicie po nocnym obiegu.
Spojrzę... jak raz nade mną świeci gwiazdka wschodnia;
O, znam ją odtąd dobrze, witamy się co dnia!
Spojrzę na dół... na szpaler... patrz, tam przy altanie,
Ujrzałem ją niespodzianie!
Suknią między ciemnymi bielejąca drzewy
Stała w miejscu, grobowej podobna kolumnie;
Potem biegła, jak lekkie zefiru powiewy,
Oczy zwrócone w ziemię... nie spojrzała ku mnie!
A lica jej bardzo blade.
Nachylam się, zajrzę z boku,

The image of that parting stands in my memory still.
I remember, 'twas Autumn, and the night was chill.
I wandered in the garden, where I sought
In prayers, and in musings of my thought,
Some armor for a heart by nature soft,
The final missile of her glance to bear.
I wandered in the brushwood, here and there;
The night was lovely. I recall it oft –
At first for several hours poured down the rain,
Then the whole earth shone with the dew's bright grain;
Like a sea of snow, a mist clothes all the vales;
While, driving from one side, a great cloud sails,
And from the other, peers the pallid moon:
After their nightly round, the planets swoon
In the blue: the morning star above shone gaily;
Since then I know it well, and greet it daily!
Then unexpectedly I saw her – hark! –
In the bower motionless, as fixed to the spot,
With her dress all glimmering white amid the dark
Trees, like a column mid a graveyard grot.
And then she ran, like the light zephyr's play,
Her eyes on the ground. She did not look my way!
Her cheeks were very pale – then from the side
I bent across, and in her eye descried

I dojrzałem łezkę w oku;
«Jutro,» rzekłem, «jutro jadę!»
«Bądź zdrów!» odpowie z cicha: ledwie posłyszałem,
«Zapomnij!»... ja zapomnę? o! rozkazać snadno!
Rozkaż, luba, twym cieniom, niechaj wraz przepadną
I niech zapomną biegać za twym ciałem!...
Rozkazać snadno!
Zapomnij!

A little tear of sorrow:
«I'll go away,» I said, «tomorrow!»
«Farewell,» she softly said, I scarcely heard –
«Forget! » Could I forget? An easy word!
My love, command your shadow now to perish,
Let it forget your body now to cherish,
And to run after you! An easy word!
Forget! It is absurd!

Trans. by Count Potocki of Montalk

*   *   *

Słuchaj, powiem coś jeszcze... Byłem i w ogrodzie,
Pod tęż porę, w jesieni, przy wieczornym chłodzie,
Też same cieniowane chmurami niebiosa,
Tenże bladawy księżyc i kroplista rosa,
I tuman na kształt z lekka prószącego śniegu;
I gwiazdy toną w błękit po nocnym obiegu,
I taż sama nade mną świeci gwiazdka wschodnia,
Którą wtenczas widziałem, którą widzę co dnia;
W tychże miejscach toż samo uczucie paliło.
Wszystko było jak dawniej — tylko jej nie było!
Podchodzę ku altance, jakiś szmer u wniścia,
To ona?... Nie! to wietrzyk zżółkłe strząsał liścia.
Altano! mego szczęścia kolebko i grobie,
Tum poznał, tum pożegnał!... ach! com uczuł w tobie!
To miejsce może wczora było jej siedzeniem,
Ona wczora tym samym oddychała tchnieniem!
Słucham, oglądam wkoło, próżno wzrok się błąka,
Małegom tylko ujrzał nad sobą pająka,
Z listka wisząc, u słabej kołysał się nici,
Ja i on równie słabo do świata przybici!
Oparłem się o drzewo, wtem na końcu ławki
Widzę bukiety, trawkę, listek pośród trawki,
Tenże sam listek, listka mojego połowa,

(dobywa listek)

*   *   *

Listen, I'll tell you more. I was in the garden,
When the chill of Autumn nights began to harden.
The same heavens, as now, shadowed with clouds,
The same pale moon, the same large drops of dew,
And a mist, like lightly powdered snow in shrouds;
After their nightly round, the stars in the blue
Melted, the morning star above shone gaily,
The same I know so well: I greet it daily.
Within this place, the self − same feeling burns,
Nothing it lacks from then, except her presence.
I approach: and something rustles at the entrance.
'Tis she? No. 'Tis a little breeze that turns
Among the yellowed leaves. Thee, bower, I greet,
Cradle and grave of my felicity!
Here met, here parted − ah, what I felt in thee!
This place was yesterday perhaps her seat,
Perhaps this very air she then breathed in.
I listen, look − in vain my vision strays;
Only a little spider meets my gaze.
Rocked on a slender thread I see him pass −
His link with the world, and mine, are just so thin.
I lean on a tree: and then on the end of the seat
I see a nosegay, made of leaf and grass −
That same leaf I divided with my sweet,
                    (He gets out the leaf)

Który mi przypomina ostatnie «bądź zdrowa!»
To mój dawny przyjaciel, czulem go powitał,
Długo z nim rozmawiałem i o wszystkom pytał:
Jak ona rano wstaje? czym się bawi z rana?
Jaką piosnkę najczęściej gra u fortepiana?
Do jakiego wybiega na przechadzkę zdroju?
W jakim najczęściej lubi bawić się pokoju?
Czy na moje wspomnienie rumieni się skromnie?
Czy sama czasem niechcąc nie wspomina o mnie?...
Lecz co słyszę! o straszna ciekawości karo!

(ze złością uderza się w czoło)

Kobieta!...

Which calls to mind her «Farewell» at the end.
I greet him tenderly, he is my friend –
I've had long talks with him, and questioned him:
Her times of rising, and her every whim.
What does she do to pass the time away,
Which time does she most often sing or play?
Which is her favorite walk? Beside which stream,
In which room does she love to work or dream?
When I am mentioned, does she blush? Does she
Ever, against her will, remember me?
But what do I hear? Oh curiosity,
How frightful ever is thy penalty!

(He beats his forehead with annoyance)

Woman!

Trans. by Count Potocki of Montalk

*   *   *

Kobieto! puchu marny! ty wietrzna istoto!
Postaci twojej zazdroszczą anieli,
A duszę gorszą masz, gorszą niżeli!...
Przebóg! tak ciebie oślepiło złoto!
I honorów świecąca bańka, wewnątrz pusta!
Bodaj!... Niech, czego dotkniesz, przeleje się w złoto;
Gdzie tylko zwrócisz serce i usta,
Całuj, ściskaj zimne złoto!
Ja, gdybym równie był panem wyboru,
I najcudniejsza postać dziewicza,
Jakiej Bóg dotąd nie pokazał wzoru,
Piękniejsza niźli aniołów oblicza,
Niźli sny moje, niźli poetów zmyślenia,
Niźli ty nawet... oddam ją za ciebie,
Za słodycz twego jednego spojrzenia!
Ach, i gdyby w posagu
Płynęło za nią wszystkie złoto Tagu,
Gdyby królestwo w niebie,
Oddałbym ją za ciebie!
Najmniejszych względów nie zyska ode mnie,
Gdyby za tyle piękności i złota
Prosiła tylko, ażeby jej luby
Poświęcił małą cząstkę żywota,
Którą dla ciebie całkiem poświęca daremnie!
Gdyby prosiła o rok, o pół roka,

*   *   *

Woman, thou worthless fluff, creature of air!
The very angels envy thee thy shape,
But thy soul is worse than – worse than – thou dost gape
At the glittering bubble of titles, and the glare
Of gold hath blinded thee, though void within!
Whate'er thou touchest, may it turn to gold,
Whatever thou with heart and lips wouldst win,
Mayest thou embrace and kiss its surface cold!
Had I, like thee, been lord of choice and chance,
The most miraculous unknown maiden form
Of which God hitherto concealed the norm,
Lovelier than an angel's countenance,
Than my dreams, or than a poet's fantasy,
Or than thyself – I'd give her up for thee,
For the sweetness of thy gaze, for one brief glance!
And if around her for her dower
The Tagus golden streams did shower,
Or a Kingdom in the skies –
For thee I'd spurn that prize!
Nothing she'd get from me, she'd find me cold,
If for all that loveliness and gold
She asked only to be my wife
For a small fraction of my life,
The whole of which I consecrate
To thee, beloved, in vain,

Gdyby jedna z nią pieszczota,
Gdyby jedno mgnienie oka,
Nie chcę! nie! i na takie nie zezwolę śluby.

(surowo)

A ty sercem oziębłym, obojętną twarzą,
Wyrzekłaś słowo mej zguby,
I zapaliłaś niecne ogniska,
Którymi łańcuch wiążący nas pryska,
Które się wiecznym piekłem między nami żarzą,
Na moje wieczne męczarnie!
Zabiłaś mię, zwodnico! Nieba cię ukarzą,
Sam ja... nie puszczę bezkarnie,
Idę, zadrżyjcie, odmieńce!

(dobywa sztylet i ze wściekłą ironią)

Błyskotkę niosę dla jasnych panów!
Ot, tym wina utoczę na ślubne toasty...
Ha! wyrodku niewiasty!
Śmiertelne ścisnę wkoło szyi twojej wieńce!
Idę jak moję własność do piekła zagrabić,
Idę!...

(wstrzymuje się i zamyśla)

If for one year she'd pray,
Or half a year's delay,
Or even if she were fain
With the kisses of a day,
Or the twinkling of an eye, to be quit –
No, I cannot, even this I can't permit!

(severely)

But thou – with indifferent face and heart-strings frozen
To speak the word that ruins me hast chosen
And those dishonorable fires to light
Which burst the chain
Betwixt us twain
Which like Hell flames between us burn
For my eternal spite.
Me, siren, thou hast slain,
But Heaven will punish thee in turn!
Neither will I forgive
These wrongs unpunished while I live.
Here I come! Inconstant creatures, quail!

(He takes out his dagger: with furious irony)

For you, noble Sirs, I have this gewgaw
With which the wine for wedding toasts I draw.
And ha! thou degenerate woman!
A mortal wreath about thy neck I'll bind,
And go to Hell my property, that's thee, to find,
Here I come ...

(He restrains himself, takes thought)

O nie! nie… nie… żeby ją zabić,
Trzeba być trochę więcej niż pierwszym z szatanów!
Precz to żelazo!

(chowa)

Niech ją własna pamięć goni,

(Ksiądz odchodzi)

Niech ją sumienia sztylety ranią!
Pójdę, lecz pójdę bez broni,
Pójdę tylko spojrzeć na nią.

W salach, gdzie te od złota świecące pijaki
Przy godowym huczą stole!
Ja w tej rozdartej sukni, z tym liściem na czole,
Wnijdę i stanę przy stole…
Zdziwiona zgraja od stołu powstała,
Przepijają do mnie zdrowiem,
Proszą mię siedzieć: ja stoję jak skała,
Ani słowa nie odpowiem.
Plączą się skoczne kręgi przy śpiewach i brzęku,
Prosi mnie w taniec drużba godowa,

no, not to kill her, then
I were the worst of Satans, not of men!
Away with this sharp steel!

(He puts it away)

Let her own memory pursue her.

(The Priest goes out)

Daggers of conscience let her feel!
I'll go, but without weapons, to her,
To drive my glances through her.
In her halls those drunkards tipple
With gold a-shine and a-stipple
Mid clamor of the wedding-table.
There in this ragged garment I'll be able
To enter with these leaves upon my head,
And stand before their eyes.
Then the astonished band did rise,
And drank my health, and prayed
I'd take a seat: but as I stood I stayed,
Like a rock, and not a word I said.
The lively circles are a-tangle
Amid their songs and jangle.
The best man asks me, will I join the dance –
While I, with one hand on my breast,
And this leaf in the other, never stirred
And answered not a word.
Then she, with her angelic glance,

A ja z ręką na piersiach, z listkiem w drugim ręku,
Nie odpowiem ani słowa!
Wtem ona z swoim anielskim urokiem,
«Gościu mój, rzecze, pozwól niech się dowiem,
Skąd przychodzisz, kto jesteś?» – Ja nic nie odpowiem...

Came, and she said: «My guest,
Do be so good, I pray,
As to tell me whence you come.
Who are you, say?»
I stand there as one dumb...

Trans. by Count Potocki of Montalk

Z Dziadów
część trzecia, 1832
z "Wielkiej Improwizacji"

From Forefathers
part three, 1832
from "Great Improvisation"

*   *   *

O Ty! o którym mówią, że czujesz na niebie!
Jam tu, jam przybył, widzisz, jaka ma potęga!
Aż tu moje skrzydło sięga.
Lecz jestem człowiek, i tam, na ziemi me ciało;
Kochałem tam, w ojczyźnie serce me zostało.

    Ale ta miłość moja na świecie,
    Ta miłość nie na jednym spoczęła człowieku
    Jak owad na róży kwiecie:
    Nie na jednej rodzinie, nie na jednym wieku.
    Ja kocham cały naród! – objąłem w ramiona
    Wszystkie przeszłe i przyszłe jego pokolenia,
    Przycisnąłem tu do łona,
    Jak przyjaciel, kochanek, małżonek, jak ojciec:
    Chcę go dźwignąć, uszczęśliwić,
    Chcę nim cały świat zadziwić,

Nie mam sposobu i tu przyszedłem go dociec.

O Thou, of Whom they say that Thou dost feel on high!
I'm here, I have arrived! Seest Thou my power?
Even to here my pinions lower!
But I'm a man; down there's my mortal part;
There I loved; in my country stays my heart.

Nor yet did that my mortal love repose
Upon one single man, however sage,
Like an insect in a rose,
Nor on one family nor on one age;
I love the entire nation! My arms embrace
All its past and future generations,
I pressed them to my bosom, all the race,
As friend, as lover, husband, father; I wish to make them
happy, raise them,
And make the whole world praise them!

I lack the means and seeking it came hither.

Trans. by Count Potocki of Montalk

*　　*　　*

... Chcę czuciem rządzić, które jest we mnie;
Rządzić jak Ty wszystkimi zawsze i tajemnie: –

   Co ja zechcę, niech wnet zgadną,
   Spełnią, tym się uszczęśliwią,
   A jeżeli się sprzeciwią,
   Niechaj cierpią i przepadną.

Niech ludzie będą dla mnie jak myśli i słowa,
Z których, gdy zechcę, pieśni wiąże się budowa; –

   Mówią, że Ty tak władasz!

Wiesz, żem myśli nie popsuł, mowy nie umorzył;
Jeśli mnie nad duszami równą władzę nadasz,
Ja bym mój naród jak pieśń żywą stworzył,
I większe niźli Ty zrobiłbym dziwo,

   Zanuciłbym pieśń szczęśliwą!

Daj mi rząd dusz! ...

*   *   *

... I would rule by the feeling that is in me,
Rule all like Thee forever secretly;

    What I desire, let them guess once for all,
    Do it, and find their happiness therein,
    And if they set themselves against it, then,
    Then let them suffer on and let them fall!

Let men be like as words and thoughts to me,
From which, at will, I build my poetry!

    They say, that such is Thy control ...

Thou knowest I starved not speech, did thought no wrong;
If Thou gavest me equal sway over each soul
I would create my nation like a living song,
And do a greater wonder than Thine Own;

    For what a happy song I would intone!

Give me the rule of souls!...

Trans. by Count Potocki of Montalk

*   *   *

Milczysz, – wszakżeś z Szatanem walczył osobiście?

    Wyzywam Cię uroczyście,

Nie gardź mną, ja nie jeden, choć sam tu wzniesiony,
Jestem na ziemi sercem z wielkim ludem zbratan,
Mam ja za sobą wojska, i moce, i trony;

    Jeśli ja będę bluźnierca,

Ja wydam Tobie krwawszą bitwę niźli Szatan:
On walczył na rozumy, ja wyzwę na serca.
Jam cierpiał, kochał, w mękach i miłości wzrosłem;
Kiedyś mnie wydarł osobiste szczęście,
Na własnej piersi ja skrwawiłem pięście,

    Przeciw Niebu ich nie wzniosłem.

*　　*　　*

Silent? Yet Satan's self Thou hast withstood?

I challenge Thee for good!

Despise me not: though single here I'm not alone!
My heart with a great Folk on earth is kin,
By me stands many an army, power, and Throne ...

And if I should blaspheme

I'll give Thee a bloodier fight than the Lord of Sin;
I challenge on the heart! He but with brains did scheme!
I loved and suffered, grew in love's own leaven;
When Thou far from me mine own bliss didst wrest,
With my own hands I wounded my own breast –

I never raised them against Heaven!

Trans. by Count Potocki of Montalk

*   *   *

Teraz duszą jam w moję ojczyznę wcielony;

Ciałem połknąłem jej duszę,
Ja i ojczyzna to jedno.
Nazywam się Milijon – bo za milijony
Kocham i cierpię katusze.
Patrzę na ojczyznę biedną,
Jak syn na ojca wplecionego w koło;
Czuję całego cierpienia narodu,
Jak matka czuje w łonie bole swego płodu.

Cierpię, szaleję – a Ty mądrze i wesoło

Zawsze rządzisz,
Zawsze sądzisz,
I mówią, że Ty nie błądzisz!

Słuchaj, jeśli to prawda, com z wiarą synowską
Słyszał, na ten świat przychodząc,
Że Ty kochasz; – jeżeliś Ty kochał świat rodząc,
Jeśli ku zrodzonemu masz miłość ojcowską;
Jeżeli serce czułe było w liczbie zwierząt,
Któreś Ty w arce zamknął i wyrwał z powodzi;
Jeżeli to serce nie jest potwór, co się rodzi
Przypadkiem, ale nigdy lat swych nie dochodzi;
Jeżeli pod rządem Twoim czułość nie jest bezrząd,
Jeśli w milijon ludzi krzyczących 'ratunku!'
Nie patrzysz jak w zawiłe zrównanie rachunku; –

*　　　*　　　*

Now my soul is incarnate in my land –

    My body has absorbed her soul.
    I and my country – am one whole!
    My name is "Million" since, for millions, oh, alack!
    I love, and suffer the rack,
    I gaze on my poor land and feel
    Like a son whose father is bound on a wheel –
    I feel for the whole nation's doom,
    a mother for the pains of the fruit of her womb –

I suffer, whilst Thou, wise and gay, dost loom,

    Governest ever,
    Dost judge and sever –
    And they say, Thou errest never!

Listen! If that was true I heard with childish faith,
When in this world below I first drew breath,
That Thou lovest, and didst love the world Thou madest,
A Father's kindness to Thine offspring gavest –
If tender-heart was with the beasts Thou dravest
Into Thine ark and from the flood-gates savedst,
If heart is not a monster strangely born,
Doomed not to live his days, nor Thou hast sworn
Tenderness in Thy realms shall be called crime;
If in a myriad crying "Help" Thou seest more
Than an extremely complicated score –

Jeśli miłość jest na co w świecie Twym potrzebną
I nie jest tylko Twoją omyłką liczebną...
....
Odezwij się, – bo strzelę przeciw Twej naturze!

If Love has something in Thy world to make,
And's not Thy mere numerical mistake –

………………………………………..
Speak! For against Thy nature I will shoot!

Trans. by Count Potocki of Montalk

Z
Pana Tadeusza

From
Pan Tadeusz

*   *   *

Litwo! Ojczyzno moja! ty jesteś jak zdrowie;
Ile cię trzeba cenić, ten tylko się dowie,
Kto cię stracił. Dziś piękność twą w całej ozdobie
Widzę i opisuję, bo tęsknię po tobie.

Panno święta, co Jasnej bronisz Częstochowy
I w Ostrej świecisz Bramie! Ty, co gród zamkowy
Nowogródzki ochraniasz z jego wiernym ludem!
Jak mnie dziecko do zdrowia powróciłaś cudem
(Gdy od płaczącej matki pod Twoję opiekę
Ofiarowany, martwą podniosłem powiekę
I zaraz mogłem pieszo do Twych świątyń progu
Iść za wrócone życie podziękować Bogu),
Tak nas powrócisz cudem na Ojczyzny łono.
Tymczasem przenoś moję duszę utęsknioną
Do tych pagórków leśnych, do tych łąk zielonych,
Szeroko nad błękitnym Niemnem rozciągnionych;
Do tych pól malowanych zbożem rozmaitem,
Wyzłacanych pszenicą, posrebrzanych żytem;
Gdzie bursztynowy świerzop, gryka jak śnieg biała,
Gdzie panieńskim rumieńcem dzięcielina pała,
A wszystko przepasane jakby wstęgą, miedzą
Zieloną, na niej z rzadka ciche grusze siedzą.

*   *   *

O Lithuania, my country, thou
Art like good health; I never knew till now
How precious, till I lost thee. Now I see
Thy beauty whole, because I yearn for thee.

O Holy Maid, who Częstochowa's shrine
Dost guard and on the Pointed Gateway shine
And watchest Nowogródek's pinnacle!
As Thou didst heal me by a miracle
(For when my weeping mother sought Thy power,
I raised my dying eyes, and in that hour
My strength returned, and to Thy shrine I trod
For life restored to offer thanks to God),
So by a miracle Thou'lt bring us home.
Meanwhile, bear off my yearning soul to roam
Those little wooded hills, those fields beside
The azure Niemen, spreading green and wide,
The vari-painted cornfields like a quilt,
The silver of the rye, the wheatfields' gilt;
Where amber trefoil, buck-wheat white as snow,
And clover with her maiden blushes grow,
And all is girdled with a grassy band
Of green, whereon the silent pear trees stand.

Trans. by K. R. Mackenzie

*   *   *

Gdy tak były zajęte stołu strony obie,
Tadeusz przyglądał się nieznanej osobie;
Przypomniał, że za pierwszym na miejsce wejrzeniem
Odgadnął zaraz, czyim miało być siedzeniem.
Rumienił się, serce mu biło nadzwyczajnie,
Więc rozwiązane widział swych domysłów tajnie!
Więc było przeznaczono, by przy jego boku
Usiadła owa piękność widziana w pomroku;
Wprawdzie zdała się teraz wzrostem dorodniejsza,
Bo ubrana, a ubiór powiększa i zmniejsza.
I włos u tamtej widział krótki, jasnozłoty,
A u tej krucze, długie zwijały się sploty?
Kolor musiał pochodzić od słońca promieni,
Którymi przy zachodzie wszystko się czerwieni.
Twarzy wówczas nie dostrzegł, nazbyt rychło znikła
Ale myśl twarz nadobną odgadywać zwykła;
Myślił, że pewnie miała czarniutkie oczęta,
Białą twarz, usta kraśne jak wiśnie bliźnięta;
U tej znalazł podobne oczy, usta, lica;
W wieku może by była największa różnica:
Ogrodniczka dziewczynką zdawała się małą,
A pani ta niewiastą już w latach dojrzałą;
Lecz młodzież o piękności metrykę nie pyta,
Bo młodzieńcowi młoda jest każda kobieta,
Chłopcowi każda piękność zda się rówiennicą,
A niewinnemu każda kochanka dziewicą.

*   *   *

While at the table ends this talk went on
Tadeusz watched his new companion,
Remembering that when first he had observed
Her place, he guessed at once for whom it was reserved.
He blushed and felt his heart beat strangely fast.
The mystery of his thoughts was solved at last
'Twas fated she should sit here at his side,
The lovely creature in the twilight spied.
Taller she seemed indeed in evening dress,
For dress can make height greater seem or less.
Before, her hair had short and golden seemed,
But now with long black curling tresses gleamed.
The color must have come from the sun's rays,
Which in the evening set the world ablaze.
He'd hardly seen her face, but thought supplied
The image her swift passing had denied.
He had imagined eyes as black as night,
Lips red as cherries twain, complexion white;
His neighbor had such lips and face and eyes.
Her age perhaps gave him the most surprise;
The little gardener he had been sure
Was but a girl, this lady was mature.
But youth does not a woman's age inquire,
And every woman's young to youth's desire,
Each charmer is a young man's peer in years
And to his innocence a maid appears.

Trans. by K. R. Mackenzie

Lecz Tadeusz podbiega i z żywością mówi:
«Czymże zdołam odwdzięczyć dobremu Stryjowi,
Który tak o me szczęście ustawnie się trudzi!
Ach, dobry Stryju! byłbym najszczęśliwszy z ludzi,
Gdyby mi Zosia była dzisiaj zaręczona,
Gdybym wiedział, że to jest moja przyszła żona.

Przecież powiem otwarcie: dziś te zaręczyny
Do skutku przyjść nie mogą, są różne przyczyny...
Nie pytaj więcej. Jeśli Zosia czekać raczy,
Może mnie wkrótce lepszym, godniejszym obaczy,
Może stałością na jej wzajemność zarobię,
Może troszeczką sławy me imię ozdobię,
Może wkrótce w ojczyste wrócim okolice;
Wtenczas, Stryju, wspomnę ci twoje obietnice,
Wtenczas na klęczkach drogą powitam Zosienkę
I jeśli będzie wolna, poproszę o rękę;
Teraz porzucam Litwę może na czas długi,
Może Zosi tymczasem podobać się drugi;
Więzić jej woli nie chcę; prosić o wzajemność,
Na którąm nie zasłużył, byłaby nikczemność».

Gdy te słowa z uczuciem mówił chłopiec młody,
Zaświeciły mu, jako dwie wielkie jagody
Pereł, dwie łzy na wielkich błękitnych źrenicach

*　　　*　　　*

At this Tadeusz – eagerly came near:
«How can I ever thank you, uncle dear,
Who for my happiness unceasing strive?
I should be oh! the happiest man alive,
If Zosia were today betrothed to me,
And I could know that she my wife would be.

But I must tell you frankly: not today,
For there are various reasons in the way.
Don't ask me why; if Zosia cared to wait,
Perhaps she'd find in me a worthier mate,
Perhaps my constancy will win her love,
A little glory may my valour prove.
I'll soon be back in my ancestral home.
I shall recall your promise when I come,
I'll greet my little Zosia on my knee,
And I shall beg her hand if she's still free.
But now, perhaps for long, I must depart,
Meanwhile a worthier man may win her heart.
I do not wish to bind her will, I spurn
To beg the love that I've done naught to earn.»

While to this tender utterance they listened,
They noticed two great tears, like pearls that glistened,
Fell from the big blue eyes of the young man,

I stoczyły się szybko po rumianych licach.

Ale Zosia ciekawa z głębiny alkowy
Śledziła przez szczelinę tajemne rozmowy;
Słyszała jak Tadeusz po prostu i śmiało
Opowiedział swą miłość, serce w niej zadrżało,
I widziała tych wielkich dwoje łez w źrenicach.
Choć dojść nie mogła wątku w jego tajemnicach:
Dlaczego ją pokochał? dlaczego porzuca?
Gdzie odjeżdża? przecież ją ten odjazd zasmuca.
Pierwszy raz posłyszała w życiu z ust młodziana
Dziwną i wielką nowość, że była kochana.
Biegła więc, gdzie stał mały domowy ołtarzyk,
Wyjęła zeń obrazek i relikwijarzyk:
Na obrazku tym była święta Genowefa,
A w relikwiji suknia świętego Józefa
Oblubieńca, patrona zaręczonej młodzi:
I z tymi świętościami do pokoju wchodzi.

«Pan odjeżdżasz tak prędko? ja Panu na drogę
Dam podarunek mały i także przestrogę:
Niechaj Pan zawsze z sobą relikwije nosi
I ten obrazek, a niech pamięta o Zosi.
Niech Pana Pan Bóg w zdrowiu i szczęściu prowadzi
I niech prędko szczęśliwie do nas odprowadzi».

Umilkła i spuściła głowę; oczki modre

And quickly down his ruddy visage ran.

But Zosia, curious, hidden at the back,
Watched this strange conversation through a crack.
Her heart was fluttering, as Tadeusz told
His love for her in accents frank and bold.
She saw those big tears standing in his eyes,
Though she could not the mystery surmise.
He said he loved her, why must he now leave?
And somehow this departure made her grieve,
Though for the first time in her life she heard
That she was loved, that great, exciting word.
She ran off to a little altar, where
She found a picture and a reliquaire –
The picture holy Genevieve portrayed,
The box a piece of Joseph's robe displayed,
The patron of betrothals, the Bridegroom.
These sacred things she brought into the room.

«You go so soon? I wish to give to you
A little present and a warning too.
These relics take wherever you may be,
This picture also, and remember me.
God guide you safely on your way, and bless
With quick return in health and happiness.»

She ceased and bowed her head; no sooner than

Ledwie stuliła, z rzęsów pobiegły łzy szczodre,
A Zosia z zamkniętymi stojąc powiekami
Milczała, sypiąc łzami jako brylantami.

Tadeusz, biorąc dary i całując rękę
Rzekł: «Pani! już ja muszę pożegnać Panienkę,
Bądź zdrowa, wspomnij o mnie i racz czasem zmówić
Pacierz za mnie! Zofijo! ... » Więcej nie mógł mówić.

She closed her azure eyes, the tear-drops ran.
So she with lowered lids in silence stood,
Her tears like diamonds pouring in a flood.

Tadeusz took the gifts and kissed her hand.
«Now I must bid my lady farewell, and»
Said he, «remember me, and sometimes pray
For me. O Zosia . . .» more he could not say.

Trans. by K. R. Mackenzie

*   *   *

«Jak łatwo może człowiek popsuć szczęście drugim
W jednej chwili, a życiem nie naprawi długim!
Jedno słowo Stolnika, jakżebyśmy byli
Szczęśliwi! kto wie, może dotąd byśmy żyli,
Może i on przy swoim kochanym dziecięciu,
Przy swojej pięknej Ewie, przy swym wdzięcznym zięciu
Zestarzałby spokojny! może wnuki swoje
Kołysałby! teraz co? nas zgubił oboje,
I sam − i to zabójstwo − i wszystkie następstwa
Tej zbrodni, wszystkie moje biedy i przestępstwa!...
Ja skarżyć nie mam prawa, ja jego morderca,
Ja skarżyć nie mam prawa, przebaczam mu z serca,
Ale i on...

*   *   *

«Żeby już raz otwarcie był mnie zrekuzował,
Bo znał nasze uczucia; gdyby nie przyjmował
Mych odwiedzin; to kto wie? może bym odjechał,
Pogniewał się, połajał, w końcu go zaniechał;
Ale on, chytrze dumny, wpadł na koncept nowy:
Udawał, że mu nawet nie przyszło do głowy,
Żeby ja mógł się starać o związek takowy.
A byłem mu potrzebnym, miałem zachowanie
U szlachty i lubili mnie wszyscy ziemianie.

*　　　*　　　*

«How easy to blight another's happiness,
And e'en a lifetime cannot make redress!
Just one word from the Pantler – who can say? –
We might be living happily today.
He too might have been living in his house
With his beloved daughter and her spouse,
And might have rocked his grandchildren, to rest.
But now? He has made both of us unblest.
And he – that murder – all the consequences
Of that great crime, my sufferings and offenses!…
I have no right to blame, I slew, I live,
I have no right to blame him. I forgive –
But he too –

*　　　*　　　*

«If he'd but once refused me openly –
He knew we loved – if he'd not welcomed me,
Who knows? Perhaps I should have gone off then
With angry curses nor come back again.
But he contrived a plan, he proud and clever
Pretended that it had not struck him ever,
That I should seek a wife from one so great.
But he had need of me and I had weight
Among the gentry, being by all approved.

Więc on niby miłości mojej nie dostrzegał,
Przyjmował mnie jak dawniej, a nawet nalegał,
Abym częściej przyjeżdżał; a ilekroć sami
Byliśmy, widząc oczy me przyćmione łzami
I pierś zbyt pełną i już wybuchnąć gotową,
Chytry starzec, wnet wrzucił obojętne słowo
O procesach, sejmikach, łowach...

*   *   *

Ach, nieraz przy kieliszkach, gdy się tak rozrzewniał,
Gdy mię tak ściskał i o przyjaźni zapewniał,
Potrzebując mej szabli lub kreski na sejmie,
Gdy musiałem nawzajem ściskać go uprzejmie,
To tak we mnie złość wrzała, że ja obracałem
Ślinę w gębie, a dłonią rękojeść ściskałem,
Chcąc plunąć na tę przyjaźń i wnet szabli dostać;
Ale Ewa, zważając mój wzrok i mą postać,
Zgadywała, nie wiem jak, co się we mnie działo,
Patrzyła błagająca, lice jej bledniało;
A był to taki piękny gołąbek, łagodny,
I wzrok miała uprzejmy taki! tak pogodny!
Taki anielski, że już nie wiem, już nie miałem
Odwagi zagniewać ją, zatrwożyć – milczałem.
I ja, zawadyjaka sławny w Litwie całej,
Co przede mną największe pany nieraz drżały,
Com nie żył dnia bez bitki, co nie Stolnikowi,

So feigning not to notice that I loved,
He welcomed me as freely as before,
And e'en insisted I should visit more;
But every time I was alone with him,
And when my heart was full enough to burst,
That wily old Horeszko started first
Indifferent talk of lawsuits, councils, hunting –

*   *   *

«Ah, often o'er the wine, when he was moved
And clasped me close, averring that he loved
And needed me, my saber and my voice,
And I embraced him, for I had no choice,
My anger boiled within, my gorge would rise,
I longed to spit upon this friendly guise,
I longed to draw my saber there and then.
But Eva, noticing my looks and mien,
Would gaze at me imploringly, because she guessed,
I know not how, what passed within my breast
She was a dove so gentle and so fair,
Her glance so kindly and so debonair,
So angel-like, somehow I was too weak
To fright or anger her – I did not speak.
And I the greatest swaggerer in the land,
Before whom mighty lords would trembling stand,
Whose wrath the slightest quarrels would excite,

Ale bym się pokrzywdzić nie dał i królowi,
Co we wściekłość najmniejsza wprawiała mnie sprzeczka,
Ja wtenczas, zły i pjany, milczał jak owieczka!
Jak gdybym Sanctissimum ujrzał!

Who never lived a day without a fight,
Whom neither King nor Pantler dared to wrong –
Though drunk and angry, yet I held my tongue,
As though I'd seen the Blessed Sacrament!

Trans. by K. R. Mackenzie

*   *   *

«Zofijo, musisz to mnie koniecznie powiedzieć,
Nim zamienim pierścionki, muszę o tym wiedzieć.
I cóż, że przeszłej zimy byłaś już gotowa
Dać słowo mnie? Ja wtenczas nie przyjąłem słowa:
Bo i cóż mnie po takim wymuszonym słowie.
Wtenczas bawiłem bardzo krótko w Soplicowie;
Nie byłem taki próżny, ażebym się łudził,
Żem jednym mym spojrzeniem miłość w tobie wzbudził;
Ja nie fanfaron, chciałem mą własną zasługą
Zyskać twe względy, choćby przyszło czekać długo.
Teraz jesteś łaskawa twe słowo powtórzyć:
Czymże na tyle łaski umiałem zasłużyć?
Może mnie bierzesz, Zosiu, nie tak z przywiązania,
Tylko że stryj i ciotka do tego cię skłania;
Ale małżeństwo, Zosiu, jest rzecz wielkiej wagi,
Radź się serca własnego, niczyjej powagi
Tu nie słuchaj, ni stryja gróźb, ni namów cioci;
Jeśli nie czujesz dla mnie nic oprócz dobroci,
Możem te zaręczyny czas jakiś odwlekać,
Więzić twej woli nie chcę, będziem, Zosiu, czekać.
Nic nas nie nagli, zwłaszcza że wczora wieczorem
Dano mi rozkaz zostać w Litwie instruktorem
W pułku tutejszym, nim się z mych ran nie wylęczę.
I cóż, kochana Zosiu?» Na to Zosia rzecze

*   *   *

«Before we plight our troth and give the ring,
Sophia, you must tell me this one thing.
We could have been betrothed last winter when
You offered, but I would not take you then,
Because I care not for unwilling vows;
Besides I had not long been in this house.
I'm not so foolish, nor am I so vain
As to suppose a glance your heart could gain.
I wished to win by merit your regard,
And was prepared to wait though it were hard.
But now you graciously repeat your vow,
Though I have not deserved it anyhow.
It may be, Zosia, that you take me less
For love than that your aunt and uncle press;
But marriage, Zosia, is a grave affair:
Take counsel of your heart and have no care
For threatening uncle or for aunt's entreaty.
If what you feel for me is only pity,
Postpone betrothal to a later date;
I would not bind your will, so let us wait,
There is no need for haste, last night they sent
To bid me join the local regiment
As an instructor till I 'm fit again.
Well, my beloved?» Zosia looked up then
And timidly replied: «I do not know,

Wznosząc głowę i patrząc w oczy mu nieśmiało:
«Nie pamiętam już dobrze, co się dawniej działo,
Wiem, że wszyscy mówili, iż za mąż iść trzeba
Za Pana; ja się zawsze zgadzam z wolą Nieba
I z wolą starszych». Potem spuściwszy oczęta
Dodała: «Przed odjazdem, jeśli Pan pamięta,
Kiedy umarł ksiądz Robak w ową burzę nocną,
Widziałam, że Pan jadąc żałował nas mocno,
Pan łzy miał w oczach; te łzy, powiem Panu szczerze,
Wpadły mnie aż do serca; odtąd Panu wierzę,
Że mnie lubisz; ilekroć mówiłam pacierze
Za Pana powodzenie, zawsze przed oczami
Stał Pan z tymi dużymi, błyszczącymi łzami.
Potem Podkomorzyna do Wilna jeździła,
Wzięła mnie tam na zimę, alem ja tęskniła
Do Soplicowa i do tego pokoiku,
Gdzie mnie Pan naprzód w wieczór spotkał przy stoliku,
Potem pożegnał; nie wiem, skąd pamiątka Pana,
Coś niby jak rozsada w jesieni zasiana,
Przez całą zimę w moim sercu się krzewiła,
Że, jako mówię Panu, – ustawniem tęskniła
Do tego pokoiku, i coś mi szeptało,
Że tam znów Pana znajdę, i tak się też stało.
Mając to w głowie, często też miałam na ustach
Imię Pana – było to w Wilnie na zapustach;
Panny mówiły, że ja jestem zakochana:
Jużci, jeżeli kocham, to już chyba Pana».

I can't recall what happened long ago;
I know that everybody said to me,
That I must marry you; I try to be
With heaven's and my elders' will content.»
Then, lowering her eyes: «The night you went,
That stormy night when Father Robak died,
I saw how sad it was for you to ride,
And tears were in your eyes; those tears – it 's true –
Fell on my heart; so I believed that you
Were fond of me; whene'er I said a prayer
For your success, I saw you standing there
With those great shining tears. And then
You know, that winter Mistress Chamberlain
Took me to Wilno; but I longed for home,
For Soplicowo and that little room,
Where first we met each other, you and I,
One evening, and 'twas there you said goodbye.
In some strange way the memory of you
Within my heart like autumn seedlings grew,
As all the winter for that room I yearned;
And something whispered, that when you returned,
I 'd find you there again; so it befell.
And often, as I thought of you, as well
I had your name upon my lips; and all
The girls – it was the Wilno carnival –
Said I must be in love; and so I knew,
That if I loved at all, it must be you.»

Trans. by K. R. Mackenzie

Z
Liryków lozańskich

From
The Lausanne Lyrics

Żal rozrzutnika

Kochanek, druhów! ileż was spotkałem!
Ileż to oczu jak gwiazd przeleciało!
Ileż to rączek tonąc uściskałem!
A serce? Nigdy z sercem nie gadało!
Wydałem wiele z serca, jak ze skrzyni
Młody rozrzutnik! Lecz dłużnicy moi
Nic nie oddali. Któż dzisiaj obwini,
Że się rozrzutnik spostrzegł? że się boi
Zwierzać w niepewne i nieznane ręce?
Żegnam was, żegnam, nadobne dziewice;
Żegnam was, żegnam, o druhy młodzieńce!
Rozrzutnik młody, resztę skarbu schwycę,
W ziemię zakopię! nie czas resztę tracić,
Już czuję starość; mam żebrać w potrzebie?
Znalazłem tego, co zdoła zapłacić
Rzetelnie, z lichwą i na czas – on w niebie!

The Prodigal's Lament

My loves! my friends! how many have I known?
How many eyes that flashed like falling stars!
And hands I seized while sinking like a stone!
But my heart? – never spoke straight to their hearts!
The foolish wastrel gives his wealth away
Just as I gave my heart: and still no debtor
Has repaid me. Am I to blame today
That, coming to my senses, I know better
Than to trust my own wealth in some stranger's hands?
Farewell, farewell, oh lovely girlish host,
Farewell, farewell, my lads, my youthful friends!
I've squandered much, but what I haven't lost
I'll hide away! For now I count the days –
Am I to be a beggar when I'm old?
No, I have found a friend who always pays
On time, with interest – heaven's his abode.

Trans. by S. Barańczak and C. Cavanagh

Gdy tu mój trup

Gdy tu mój trup w pośrodku was zasiada,
W oczy zagląda wam i głośno gada,
Dusza w ten czas daleka, ach, daleka,
Błąka się i narzeka, ach, narzeka.

Jest u mnie kraj, ojczyzna myśli mojej,
I liczne mam serca mego rodzeństwo;
Piękniejszy kraj niż ten, co w oczach stoi,
Rodzina milsza niż całe pokrewieństwo.

Tam, wpośród prac i trosk, i wśród zabawy,
Uciekam ja. Tam siedzę pod jodłami,
Tam leżę śród bujnej i wonnej trawy,
Tam pędzę za wróblami, motylami.

Tam widzę ją, jak z ganku biała stąpa,
Jak ku nam w las, śród łąk zielonych leci,
I wpośród zbóż jak w toni wód się kąpa,
I ku nam z gór jako jutrzenka świeci.

My Corpse

My corpse sits here among us where we are.
It speaks in a loud voice, and meets your gaze.
My spirit wanders, wanders – far, oh how far
my soul complains down desolate ways.

I have a land, the homeland of my thought –
brothers and sisters, all, all in my heart
so truthfully, so intimately bound and wrought –
nothing can wrench or lure apart.

Cares, labor, pleasure fade. I slip away.
I fall, breathe in the rank and scented grass
and rise under the pines, to follow in their play
sparrows and moths, as large clouds pass.

Look, she is there! White from the portico
and in green fields, who flies to where we are
in woods, through grain as if in water: see her go
who shines from peaks – the morning star!

Trans. by C. Mills

Snuć miłość

Snuć miłość, jak jedwabnik nić wnętrzem swym snuje,
Lać ją z serca, jak źródło wodę z wnętrza leje,
Rozwijać ją jak złotą blachę, gdy się kuje
Z ziarna złotego, puszczać ją w głąb, jak nurtuje
Źródło pod ziemią, – w górę wiać nią, jak wiatr wieje,
Po ziemi ją rozsypać, jak się zboże sieje,
Ludziom piastować, jako matka swych piastuje.
Stąd będzie naprzód moc twa, jak moc przyrodzenia,
A potem będzie moc twa, jako moc żywiołów,
A potem będzie moc twa, jako moc krzewienia,
Potem jak ludzi, potem jako moc aniołów,
A w końcu będzie jako moc Stwórcy stworzenia.

Spin Love

Spin love just as a worm spins silk thread from inside,
And pour it from your heart as springs from bedrocks flow,
And spread it, frail as sheets of gold, hammered out wide
From glittering seeds; and let it stream below and ride
With rivers underground, and blow high as winds blow;
And scatter it like grains, which take deep root and grow;
Nurse it for mankind as a mother does her child.

And herewith grows your might – at first, like that of nature,
Then might exceeding all the elements; then vast
As power born of ceaseless generation;
Then might of humankind; of angels; and, at last,
Might rivaling the Lord of All Creation.

Trans. by S. Barańczak and C. Cavanagh

THE HIPPOCRENE POLISH HERITAGE LIBRARY

Bilingual Polish literature from Hippocrene . . .

Pan Tadeusz
Adam Mickiewicz
Translated by Kenneth R. MacKenzie
On the 200th anniversary of Mickiewicz's birth comes a reprint of
Poland's greatest epic poem in its finest English translation. For
English students of Polish and for Polish students of English, this
classic poem in simultaneous translation is a special joy to read.
553 pages Polish and English text side by side • 0-7818-0033-1 • $19.95pb • (237)

Treasury of Polish Love Poems, Quotations & Proverbs
in Polish and English
edited by Miroslaw Lipinski
Works by Krasinski, Sienkiewicz and Mickiewicz are included among
100 selections by 44 authors. In the original Polish with side-by-side
English translation.
128 pages 5 x 7 • $11.95hc • 0-7818-0297-0 • (185)
Also available as Audiobook: 0-7818-0361-6 • $12.95 • (576)

Treasury of Classic Polish Love Short Stories in Polish
and English
Edited by Miroslaw Lipinski
This charming gift volume delves into Poland's rich literary tradition
to bring you classic love stories from five renowned authors. It
explores love's many romantic, joyous, as well as melancholic facets,
and is destined to inspire love and keep its flame burning bright.
109 pages • 0-7818-0513-9 • $11.95hc • (603)

A Treasury of Polish Aphorisms: A Bilingual Edition
Compiled and translated by Jacek Galazka
This collection comprises 225 aphorisms by eighty Polish writers, many of them well known in their native land. Twenty pen and ink drawings by talented Polish illustrator Barbara Swidzinska complete this remarkable exploration of true Polish wit and wisdom.
140 pages • 5 ½ x 8 ½ • 20 illustrations • 0-7818-0549-X • $14.95 • (647)

Polish Fables
Bilingual Edition
Ignacy Krasicki
Translated by Gerard T. Kapolka
Sixty-five fables by eminent Polish poet, Bishop Ignacy Krasicki, are translated into English by Gerard Kapolka. With great artistry, the author used contemporary events and human relations to show a course to guide human conduct. For over two centuries, Krasicki's fables have entertained and instructed his delighted readers. This bilingual gift edition contains twenty illustrations by Barbara Swidzinska, a well known Polish artist.
250 pages • 6 x 9 • 0-7818-0548-1 • $19.95hc • (646)

Polish Folk Tales

Glass Mountain
Twenty-Eight Ancient Polish Folktales and Fables
Retold by W. S. Kuniczak
Illustrated by Pat Bargielski
"It is an heirloom book to pass onto children and grandchildren. A timeless book, with delightful illustrations, it will make a handsome addition to any library and will be a most treasured gift."
—Polish American Cultural Network
160 pages • 6 x 9 • 8 illustrations • 0-7818-0552-X • $16.95hc • (645)

Old Polish Legends
Retold by F. C. Anstruther
Wood engravings by J. Sekalski
Now, in a new gift edition, this fine collection of eleven fairy tales,
with an introduction by Zygmunt Nowakowski, was first published in
Scotland during World War II, when the long night of German
occupation was at its darkest.
66 pages • 7¼ x 9 • 11 woodcut engravings • 0-7818-0521-X • $11.95hc • (653)

Other Polish Interest titles . . .

Song, Dance & Customs of Peasant Poland
Sula Benet
preface from Margaret Mead
"This charming fable-like book is one long remembrance of rural,
peasant Poland which almost does not exist anymore . . . but it is
worthwhile to safeguard the memory of what once was . . . because
what [Benet] writes is a piece of all of us, now in the past but very
much a part of our cultural background."   —*Przeglad Polski*
247 pages, illustrations • 0-7818-0447-7 • $24.95hc • (209)

Polish Folk Dances & Songs: A Step-by-Step Guide
Ada Dziewanowska
The most comprehensive and definitive book on Polish dance in the
English language, with in-depth descriptions of over 80 of Poland's
most characteristic and interesting dances. The author provides step-
by-step instruction on positions, basic steps and patterns for each
dance. Includes over 400 illustrations depicting steps and movements
and over 90 appropriate musical selections. Ada Dziewanowska is the
artistic director and choreographer of the Syrena Polish Folk Dance
Ensemble of Milwaukee, Wisconsin.
672 pages • 0-7818-0420-5 • $39.50 hardcover • (508)

The Polish Heritage Songbook

compiled by Marek Sart
illustrated by Szymon Kobylinski
annotated by Stanislaw Werner

This unique collection of 80 songs is a treasury of nostalgia, capturing echoes of a long struggle for freedom carried out by generations of Polish men and women. The annotations are in English, the songs are in Polish.

166 pages, 65 illustrations, 80 songs • 6 x 9 • 0-7818-0425-6 • $14.95pb • (496)

The Polish Way: A Thousand-Year History of the Poles and their Culture

Adam Zamoyski

"Zamoyski strives to place Polish history more squarely in its European context, and he pays special attention to developments that had repercussions beyond the boundaries of the country. For example, he emphasizes the phenomenon of the Polish parliamentary state in Central Europe, its spectacular 16th century success and its equally spectacular disintegration two centuries later . . . This is popular history at its best, neither shallow nor simplistic . . . lavish illustrations, good maps and intriguing charts and genealogical tables make this book particularly attractive." —*New York Times Book Review*

422 pages, 170 illustrations • $19.95pb • 0-7818-0200-8 • (176)

The Works of Henryk Sienkiewicz

Quo Vadis
Henryk Sienkiewicz
translated by W. S. Kuniczak
New Paperback Edition!
Written nearly a century ago and translated into over 40 languages, *Quo Vadis* has been a monumental work in the history of literature. W. S. Kuniczak, the foremost Polish American novelist and master translator of Sienkiewicz in this century, presents a modern translation of the world's greatest bestseller since 1905. An epic story of love and devotion in Nero's time, *Quo Vadis* remains without equal a sweeping saga set during the degenerate days leading to the fall of the Roman empire and the glory and agony of early Christianity.
589 pages • 6 x 9 • 0-7818-0550-3 • $19.95pb • (648)

In Desert and Wilderness
Henryk Sienkiewicz, edited by Miroslaw Lipinski
In traditional Sienkiewicz style, Stas and the little Nell and their mastiff Saba brave the desert and wilderness of Africa. This powerful coming-of-age tale has captivated readers young and old for a century.
278 pages • 0-7818-0235-0 • $19.95hc • (9)

Fire in the Steppe
Henryk Sienkiewicz, in modern translation by W. S. Kuniczak
"The Sienkiewicz Trilogy stands with that handful of novels which not only depict but also help to determine the soul and character of the nation they describe."   —James A. Michener
750 pages • 0-7818-0025-0 • $24.95 hc • (16)